I0752042

(par Deforis.)

LA DIVINITÉ
DE
LA RELIGION CHRÉTIENNE,
VENGÉE DES SOPHISMES
DE JEAN-JACQUES ROUSSEAU.

SECONDE PARTIE
DE
LA RÉFUTATION
D'EMILE OU *DE L'EDUCATION.*

A PARIS,
Chez DESAINT & SAILLANT, Libraires,
rue S. Jean-de-Beauvais, vis-à-vis
le Collége.

M. DCC. LXIII.

Avec Approbation, & Privilége du Roi.

PRÉFACE.

S'IL existe un Dieu, si l'homme est fait pour le connoître, si son cœur doit l'aimer, s'il doit y chercher sa félicité, l'Eternel a dû graver par-tout ces grandes idées, & elles doivent se trouver empreintes jusques sur les plus petites parties de notre être. Quiconque a des yeux peut en effet les découvrir par-tout ; & celui qui se dit à lui-même ou veut persuader aux autres, qu'il ne voit & ne sent aucune de ces vérités, est plus digne de nos larmes que de nos raisonnements. Non, l'homme n'eſt point ici-bas, comme le prétendent de vains déclamateurs, un être iſolé & indépendant, une eſpèce de hors-d'œuvre dans l'Univers. Par cette portion de matière qu'il a de commun avec les êtres qui l'environnent, il tient à toute la nature : par l'eſprit qui anime ſon corps, mais qui, plus vaſte que l'Univers, en franchit quand il veut, l'eſpace & les limites, il tient d'une manière infiniment plus étroite à l'Etre immenſe qui renferme tout ; & la loi de cette double dépendance eſt ſi viſible, qu'on ne peut la méconnoître ſans renoncer à l'uſage de ſa raiſon. Une attention légère ſur l'action réciproque des corps, ſur leurs rapports & leur liaiſon, ne conduit-elle pas à la loi qui les dirige? Mais ſi la matière eſt ſoumiſe invinciblement à cette loi, l'eſprit de l'homme n'auroit-il pas la ſienne? Tout nous montre cette vérité: les rapports de nos eſprits avec Dieu ſont auſſi conſtans, auſſi palpables, que ceux des corps entr'eux; & la loi qui les produit, doit donc être auſſi certaine & auſſi invariable que celle qui fait tout exiſter.

Mais s'il n'eſt pas néceſſaire que l'homme connoiſſe la loi fondamentale de la matière:

n'étant pas chargé de la gouverner, il ne peut ignorer celle qui doit conduire sa volonté ; elle doit être même d'autant plus facile à découvrir, que l'homme étant essentiellement libre, sa volonté peut se détourner de la voie qu'il doit suivre, rompre ainsi l'union qu'elle devoit entretenir, & mériter à l'homme la juste punition du désordre qu'elle auroit causé.

Rien n'est donc plus important à l'homme, que de connoître les caractères de cette loi. L'impiété a cherché vainement à les obscurcir. Cette loi immuable ne pourra être révoquée en doute que par ceux qui ferment volontairement les yeux à la lumière. Nous y verrons toujours d'une manière distincte tout ce qui nous est essentiel de sçavoir sur notre propre origine, sur nos devoirs & sur notre destination. L'Eternel ne pouvoit exiger nos hommages & nous prescrire un culte, qu'en donnant à sa parole la clarté & l'immobilité nécessaires pour la faire connoître aux esprits attentifs.

Nous avons démontré dans cet Ouvrage, que cette divine parole réunissoit tous ces caractères. Tous les efforts qu'on a faits dans tous les temps pour la détruire, n'ont servi qu'à augmenter ſes triomphes : on n'a pu lui ſubſtituer que des ſyſtèmes abſurdes, & des illuſions groſſières : l'impiété n'a pas rougi, pour parvenir à ſon but, d'attaquer les vérités les plus conſtantes : l'Eternel a diſparu à ſes yeux : l'Univers n'a plus été aſſujetti à des loix ſages & conſtantes : l'ame a perdu ſa ſpiritualité & ſon immortalité : l'homme eſt devenu une matière un peu mieux organiſée : le culte de la Religion a été regardé comme l'ouvrage de la politique ; l'autorité des Princes a paſſé pour tyrannie : la vertu n'a été que le fruit du préjugé ; en un mot, on a cherché à ébranler les fondemens de toutes ces vérités. Notre ſiécle ſur-tout eſt devenu célèbre par tous les paradoxes que l'impiété a oſé mettre au jour. On a voulu approfondir, lorſqu'il falloit ſe ſoumettre ; on s'eſt amuſé à diſcuter, lorſqu'il falloit croire ; on a affecté des doutes, lorſqu'il falloit être convaincu. Une aveugle Philoſophie qui s'eſt répandue dans le monde, faſcine les eſprits & pervertit les cœurs : la fureur de dogmatiſer eſt égale aux progrès de la ſéduction ; & l'on peut dire, ſans enthouſiaſme, que nous ſommes arrivés à ces temps où le puits de l'abîme sera ouvert, où les faux Prophetes se multiplieront, & rempliront la terre de leurs mensonges, & entraîneront après eux une foule innombrable de sectateurs.

L'Auteur d'Emile vient de grossir le nombre de ces faux Prophetes, qui couverts du masque de la vertu, répandent le poison de leur doctrine avec plus de facilité. Cet Ecrivain, que des idées singulières avoient d'abord rendu célèbre, qu'un style enchanteur avoit accrédité, & qu'une morale saine sur certains points avoit fait rechercher, a tiré de son porte-feuille un Ouvrage, où, sous un faux air de modération & d'impartialité, il essaie de renverser les preuves de la raison humaine, & de saper les fondemens de la révélation. Cet homme, né avec l'heureux talent de voir & d'exprimer mieux qu'un autre certaines vérités communes, de leur donner même, par l'énergie & la beauté de son style, un air de nouveauté, n'a fait cependant, dans son *Emile*, que s'approprier tout ce que les impies de tous les temps avoient imaginé contre les preuves de la révélation. On n'a pas été étonné de ne voir dans son Ouvrage que des doutes sans fondement, des argumens usés

& rebattus, & des raisonnemens dont la foiblesse démontre la fausseté. Cet Ecrivain, en copiant même les contradictions de nos Incrédules, n'en a pas moins ébloui les lecteurs superficiels, en leur donnant pour neuf ce qui a été tant de fois réfuté. Il a mis tout son art à ramasser dans tous les coins du Monde philosophe, toutes les petites difficultés qui peuvent répandre des nuages sur la Religion révélée. Aussi n'a-t-il fallu, pour dissiper ces nuages, que remettre sous les yeux tout ce que les Apologistes de notre Religion avoient établi. Nous n'avons eu besoin, pour détruire ses sophiſmes, que de raſſembler tout ce qui étoit répandu dans une infinité de bons Ouvrages dont on néglige trop aujourd'hui la lecture. Nous déclarons avec plaiſir, que nous n'avons rien dit que d'après les grands hommes qui nous ont précédés, & nous nous glorifions d'en avoir été les humbles Diſciples: heureux ſi les vérités que nous avons puiſées dans leurs Ouvrages, étoient l'unique régle de notre conduite.

L'Auteur d'*Emile* nous auroit donné un excellent Livre d'éducation, s'il avoit voulu, comme nous, puiſer dans les mêmes ſources: mais il a mieux aimé tout ramener à la décision d'une raison présomptueuse, qui veut asservir à son évidence prétendue, l'intelligence de de la révélation divine. Il n'a pas osé, à la vérité, regarder les Livres saints comme l'ouvrage de l'ignorance & de l'imposture : frappé sans doute de leur antiquité, & de la chaîne non interrompue de témoins non-suspects qui en attestent l'autorité, il n'a eu de répugnance qu'à admettre ce qui surpasse sa foible raison : il n'a point fait difficulté de détruire d'une main, ce qu'il édifioit de l'autre (*a*), en soutenant que ces

(a) Rousseau est plein de ces contradictions. Par exemple, dans son Ouvrage *contre les Spe-*

Livres, dont il a fait les plus grands éloges, renfermoient des absurdités. Mais Rousseau cherche à se faire illusion, en traitant d'absurdité ce qui est bien au-dessus de sa foible intelligence.

On convient, avec tous les

tacles, il dit en propres termes, sur les divines Ecritures : : »Nul n'est plus pénétré que moi » d'amour & de respect pour le plus sublime » de tous les Livres. Il me console & m'in» struit tous les jours, quand les autres ne m'in» spirent plus que du dégoût«. Dans son Emile, il dit aussi » Que les faits de Socrates, dont » personne ne doute, sont moins attestés que » ceux de Jesus-Christ. . . . . Que l'Evangile » a des caractères de vérité si grands, si frap» pans, si parfaitement inimitables, que l'in» venteur en seroit plus étonnant que le hé» ros«. Dans sa Julie, on lit ces paroles : » Montrez-moi une régle assurée de la sagesse » humaine, & je la prendrai pour guide : mais » si la meilleure leçon est de nous apprendre » à nous défier d'elle, recourons à celle qui » ne trompe point«. Quand on tient un pareil langage, a-t-on bonne grace de répandre des doutes sur les Livres saints & sur la certitude de la révélation ?

Défenſeurs de la Religion Chrétienne, que rien de révélé ne peut être contraire à la raiſon ſuprême & infinie qui eſt en Dieu, & dont la nôtre n'eſt qu'un écoulement : mais cette petite étincelle de raiſon, obſcurcie encore par les ténèbres du péché, eſt-elle capable de ſonder les myſtères, & doit-elle refuſer de ſe ſoumettre, juſqu'à ce qu'elle ait jugé que ce qu'on lui propoſe ne contrarie point ſes ſombres lumières ? Donner à la raiſon la prééminence ſur l'autorité, c'eſt livrer la révélation aux ténèbres d'une raiſon préſomptueuſe, qui oppoſera toujours mille contradictions

dictions apparentes, mille impossibilités prétendues à la révélation la plus expresse. On ne se connoît guères, si l'on ignore que la raison humaine, habile à contredire, est infiniment féconde en difficultés ; mais qu'elle est infiniment foible pour les résoudre, & pour se fixer immobilement au vrai.

Rousseau ne veut pas comprendre que la raison humaine est incapable de s'élever à ce qui appartient à une lumière d'un ordre supérieur, & que la foi seule peut nous rendre capables de connoître les vérités surnaturelles. N'est-on pas même en droit de dire avec l'Auteur du Spectacle de la Nature, que les vérités salutaires, comme les vérités naturelles, sont également impénétrables à notre intelligence, & que Dieu se contente, pour notre état présent, de nous en assurer la révélation ou la réalité, de nous en laisser entrevoir la beauté, & de nous en faire goûter l'excellence, sans nous en dévoiler le fond? Il n'y a donc que l'existence des choses naturelles qui nous assure leur réalité, sans nous en découvrir le principe; il n'y a de même que la révélation des choses divines qui nous en certifie la vérité, sans nous en manifester la pleine intelligence.

La raison a ses droits, nous l'accordons à Rousseau; mais

elle a ſes bornes. S'il lui eſt permis de peſer les motifs de la Foi, elle en doit reſpecter la ſubſtance; & l'humble ſimplicité qui croit à Dieu ſans héſiter, eſt infiniment plus ſage qu'une philoſophie curieuſe, qui ſubtiliſe ſur les myſtères, & qui regarde comme abſurde tout ce qu'elle ne comprend pas. Rouſſeau ne veut pas diſtinguer ces deux choſes dans la Religion: pourquoi faut-il croire? que faut-il croire? La raiſon humaine doit employer toutes ſes forces à approfondir la première queſtion; mais qu'elle reſpecte la ſeconde, & qu'elle ne s'aviſe point de la ſoumettre à ſes lumières: aſſurons-nous que Dieu a parlé ; mais croyons à sa parole, sans aller examiner si elle s'accorde ou ne s'accorde pas avec notre foible raison. C'est en vain que nous voudrions percer ses mystères, tout est infini en lui, & il n'y a rien dans tout notre être que de borné.

Il n'y a donc rien de moins raisonnable & de moins religieux, que de prétendre avec Rousseau, que la raison seule doive nous diriger dans l'intelligence des divines Ecritures ; en sorte que la raison suspende son consentement aux textes les plus formels, jusqu'à ce qu'elle les ait conciliés avec ses manières de penser, & ses systêmes philosophiques. Le premier efſet d'une foi religieuſe, eſt d'impoſer ſilence aux contradictions de l'eſprit humain, aux fauſſes lueurs, aux caprices d'une raiſon aveugle qui ne ſe connoît pas elle-même, & qui n'a jamais pu encore réunir tous ſes partiſans dans l'idée de ſa propre nature.

Que Rouſſeau préfere donc à ſa raiſon, qui n'a enfanté juſqu'ici que des paradoxes & des contradictions, la Foi Chrétienne, cette ancre ferme qui fixe l'eſprit, qui l'attache conſtamment à la Vérité, ſans lui permettre d'errer au gré des flots, & de ſe laiſſer emporter à tous les vents des opinions humaines; qu'il entre dans les ſentimens ſi vrais & ſi humbles de S. Auguſtin (*a*), & qu'il diſe avec lui de tout ſon cœur : » Il n'appar- » tient pas à l'homme, Seigneur, » de juger ce que vous avez por- » té à un ſi haut point d'auto- » rité ; &, bien loin de nous éta- » blir Juges de ces divins Li- » vres, nous recevons avec une » ſoumiſſion reſpectueuſe tout » ce que nous y trouvons, & » même ce qu'ils ont d'impéné- » trable pour nous ; parce que » nous ſommes aſſurés que ces » choſes-là même qui ſont voi- » lées à nos yeux, ſont non- » ſeulement vraies, mais même » énoncées comme elles le doi- » vent être «.

(*a*) *Confeſſ. libr.* 12, c. 23.

Nous avons montré dans cet Ouvrage, la néceſſité de cette foi humble & religieuſe, en établiſſant la certitude de la révélation ; c'eſt à la foi ſeule qu'il eſt réſervé de calmer nos incertitudes, & de placer l'eſprit dans le point précis de la vérité, ſans qu'il ait beſoin, pour s'inſtruire de ſes devoirs, ni d'étude pénible, ni de recherches curieuſes : elle ſeule peut auſſi fixer les variations de l'eſprit humain, parce qu'elle eſt toujours la même dans tous les ſiécles, toujours indépendante des lieux, des temps, des nations & des intérêts.

Les miracles étant la principale preuve de la révélation,

nous avons cru devoir la développer un peu au long, en ne prenant pour guide que l'Ecriture & la Tradition. Pourroit-on mettre dans un trop grand jour la preuve victorieuse des miracles, dans un siécle ennemi déclaré de tout surnaturel ? Des âges qui nous ont précédés péchoient par une crédulité superstitieuse, & par un amour déréglé du merveilleux: le nôtre, plus éclairé & plus philosophe, a senti cet excès: mais pour l'éviter, il est bien-tôt tombé dans l'excès contraire. A une critique judicieuse, qui n'admet dans le genre extraordinaire, que ce qui est bien prouvé, a succédé une critique hardie & fière de ſes lumières, qui rejette tout ce qu'elle n'entend pas, par cela ſeul qu'elle ne le peut comprendre. Sous prétexte de faire valoir les droits de la raiſon, on en a oublié le légitime uſage: de-là le pyrrhoniſme hiſtorique: la raiſon meſure la certitude des faits, non ſur le nombre, la gravité, la fidélité des témoins, mais ſur la poſſibilité ou l'impoſſibilité apparente de la choſe; & au lieu de dire, le fait eſt poſſible, puiſqu'il eſt conſtaté, elle décide qu'il n'eſt point arrivé, parce qu'elle le juge impoſſible. De-là le pyrrhoniſme dogmatique; la raiſon ne ſe borne plus à s'aſſurer qu'une autorité ſouveraine

& infaillible a parlé ; mais asservissant la révélation à ses connoissances, elle refuse d'admettre pour révélé, tout dogme qui lui paroît incompréhensible.

Nous avons montré dans cet Ouvrage, tous les abîmes dans lesquels tombe nécessairement la raison, livrée à ses propres ténèbres ; & nous avons prouvé en même-temps qu'il n'y avoit que la révélation divine qui eût droit de captiver l'intelligence humaine. Comme on ne conçoit que deux voies pour connoître les vérités révélées, la voie d'une autorité visible, & celle de l'examen particulier ; nous avons fait voir que ce seroit rendre le genre-humain bien malheureux, & faire injure à la bonté de Dieu, que de réduire chacun à la voie désespérante d'un examen, qui jetteroit les peuples dans des discussions moralement impossibles. Bénissons la divine miséricorde d'avoir établi sur la terre une autorité suprême ; sur laquelle nous puissions nous appuyer, & qui nous serve d'un dégré ferme & solide pour parvenir jusqu'à lui. C'est ce qu'a fait Jesus-Christ en formant l'Eglise pour être la Maison de Dieu & la colomne inébranlable de la vérité : c'est afin que l'on pût se réfugier dans son sein avec une pleine assurance, qu'il l'a élevée à un tel comble d'autorité, que l'on ne pût ſe refuſer de lui donner la préférence, ſans une très-grande impiété, ou ſans une préſomption téméraire (*a*).

Après avoir démontré la vérité de l'Egliſe Catholique, nous avons fait un tableau de toutes les prophéties dont l'accompliſſement fournit une des principales preuves de la vérité de notre Religion. Le Déiſte & le Juif ne peuvent éluder la force de cette preuve, que par des ſophiſmes ridicules & des contradictions palpables. La ruine épouvantable du Peuple Juif, ſon aveuglement, ſa diſperſion

(*a*) Cui (Eccleſiæ) nolle primas dare, vel ſummæ profectò impietatis, vel præcipitis arrogantiæ. *S. Auguſt. Libr. de util. cred.*

ſa future converſion, & le projet de Julien de rebâtir le Temple, forment les principaux traits de ce tableau.

Que Rouſſeau péſe de bonne foi & avec impartialité l'aſſemblage de toutes les preuves de la divinité de la Religion Chrétienne, & il ſera étonné lui-même de ſes doutes & de ſes contradictions. En effet, l'enſemble de toutes ces preuves forme comme un corps de lumière capable de diſſiper tous les nuages: bornes & inſuffiſance de la raiſon humaine, néceſſité & certitude de la révélation divine, caractères éclatans qui la diſtinguent; vérité des miracles de Moyſe & de ceux de Jeſus-Chriſt avoués par les Juifs & par les Payens, & d'un caractère au-dessus de tout soupçon d'imposture ; témoignage unanime, constant & invariable que les Apôtres ont rendu à la résurrection de Jésus-Christ ; témoignage revêtu de toutes les preuves de bonne-foi qu'il est possible de trouver en des témoins autentiques & irréprochables ; miracles nombreux opérés par les Apôtres mêmes ; courage & patience des Disciples de J. C. au milieu des tourmens ; progrès étonnant & rapide de l'Evangile, fort différent de celui du Mahométisme ; sainteté de la Religion Chrétienne, sublimité de ses dogmes, pureté de ses préceptes, conformité de ſes promeſſes aux vrais beſoins de l'homme ; effets tout céleſtes qu'elle produiſoit dans les eſprits & dans les cœurs de ceux qui devenoient Chrétiens ; caractère admirable de la Religion Chrétienne, qui ne ſemble avoir d'autre objet que la félicité d'une autre vie, & qui fait encore notre bonheur dans celle-ci ; accompliſſement exact de tant de prophéties de l'Ancien & du Nouveau Teſtament : en un mot, toutes les marques de divinité de la Religion Chrétienne ne peuvent être méconnues que par des hommes profondément aveugles, ou livrés à cette corruption du cœur qui fait déteſter la lumière. C'eſt en réuniſſant toutes ces preuves de la vérité de la Religion révélée, que nous avons fait diſparoître toutes ces objections uſées que l'éloquence de Rouſſeau n'a fait que rajeunir. Il ne nous reſte donc que de demander à Dieu qu'il triomphe encore aujourd'hui par les prodiges ſecrets de ſa grace, de la même incrédulité dont il triompha autrefois par les opérations éclatantes de ſa puiſſance ; & qu'il détruiſe, par ces lumières vives qui éclairent les cœurs plus efficacement que tous les diſcours humains, toute hauteur qui s'élève encore contre la ſcience de ſes Myſtères.

Fin de la Préface.

RÉFUTATION

RÉFUTATION DE JEAN-JACQUES ROUSSEAU, AUTEUR D'*EMILE* OU *DE L'ÉDUCATION*.

SECONDE PARTIE.

NOUS nous sommes bornés jusqu'ici à détruire les vaines objections que Rousseau a faites dans son Traité *De l'Education*, contre l'autorité des Miracles de la Religion Chrétienne. Mais aujourd'hui nous nous proposons de réfuter pleinement tous les faux principes que cet Auteur ose avancer contre la Religion. Nous démontrerons toute l'absurdité de ses maximes, le ridicule de ses sophismes &

l'impiété de ſes blaſphêmes. Nous ferons voir les contradictions groſſières & palpables, où cet Auteur tombe continuellement. Semblable à un homme qui, dans l'obſcurité d'une nuit épaiſſe, va errant çà & là, Rouſſeau, fermant les yeux à la lumière de la Vérité & plongé dans les ténébres de ſon ignorance, s'égare dans un labyrinthe d'idées & d'opinions qui ſe combattent & ſe détruiſent mutuellement. Telle eſt la juſte peine de la préſomption de tout homme qui veut être à lui-même ſon unique guide dans la recherche du vrai. C'eſt ainſi que la ſageſſe de notre Foi ſe trouve juſtifiée autant par les égaremens de ſes injuſtes adverſaires, que par l'humble ſoumiſſion de ſes Défenſeurs.

Quelle folle préſomption dans Rouſſeau, de s'imaginer qu'il pourra, par de vaines & puériles déclamations, obſcurcir & anéantir une Religion ſi ſolidement établie, & ſi bien à l'épreuve de tous les traits de l'envie & de la malice des hommes! Comment pourroit-elle redouter un pareil ennemi, elle qui tant de fois combattue par de plus puiſſans adverſaires, a toujours vu tomber à ſes pieds les efforts combinés de l'erreur & de l'incrédulité? Toujours attaquée & toujours victorieuſe, les coups qu'on a voulu lui porter, n'ont ſervi qu'à lui donner un nouveau luſtre: ſa gloire même eſt d'être contredite, outragée & calomniée. Etrangère ici-bas, ennemie déclarée de tous nos penchans, elle ne peut manquer d'y rencontrer beaucoup d'oppoſitions: elle n'attend de paix que dans le Ciel, qui eſt le lieu de ſon origine, de ſes eſpérances, de ſon crédit & de ſa demeure: elle ne demande ni graces ni ménagemens ; tout ce qu'elle désire, c'est qu'on ne la condamne pas sans la connoître, & qu'on ne se prévienne pas contre elle avant de l'avoir entendue. Mais les incrédules, qui ont commencé par la haïr, sont bien aises de la méconnoître, afin de pouvoir la condamner : *Malunt nescire, quia jam oderunt.* Ils la défigurent par leurs mordantes satyres, parce qu'ils sentent bien qu'ils ne pourroient inspirer de la haine contre elle, s'ils la représentoient dans toute sa pureté. Aussi combien n'en a-t-on pas vu qui, trompés par de faux exposés, & ne haïssant la Religion Chrétienne, que parce qu'ils ne la connoissoient pas, ont cessé de la haïr, dès qu'ils l'ont connue ; & devenus Chrétiens zélés, on les a vu détester publiquement leurs injustes préventions, & professer hautement ce qu'ils avoient tant en horreur. C'eſt pour tâcher de diſſiper cette funeſte ignorance & éclairer les cœurs qui ont encore quelque reſte d'amour pour la Vérité, que nous nous propoſons de mettre ici dans tout ſon jour la Religion Chrétienne, & d'expoſer dans cette Réfutation, la multitude des preuves invincibles qui en démontrent la beauté, la grandeur & l'excellence.

Afin de ſuivre un certain ordre, je commencerai par un point ſur lequel je crois devoir inſiſter, parce que tous les autres en dépendent, & qu'il en eſt comme la baze & le fondement. Ce point conſiſte à découvrir la cauſe & l'origine de toutes les miſères auxquelles notre ame & notre corps ſont aſſujettis dès l'enfance. Voici comment Rouſſeau en parle (*a*) : » Pourquoi, *dit il*, mon ame eſt-elle ſou-

(*a*) *Tom.* 3, p. 121.

» mise à mes sens & enchaînée à ce » corps qui l'asservit & la gêne? Je » n'en sçais rien : suis-je entré dans » les décrets de Dieu? Mais je puis, » sans témérité, former de modestes » conjectures. Je me dis, si l'esprit de » l'homme fût resté libre & pur, quel » mérite auroit-il d'aimer & suivre » l'ordre qu'il verroit établi, & qu'il » n'auroit nul intérêt à troubler? Il » seroit heureux, il est vrai, mais il » manqueroit à son bonheur le dégré » le plus sublime; la gloire de la ver- » tu & le bon témoignage de soi; il » ne seroit que comme les Anges, & » sans doute l'homme vertueux sera » plus qu'eux ».

Dans son second Volume, Rousseau avoit embrassé un autre systême; « Posons pour maxime, avoit-il » dit, que les premiers mouvemens » de la nature sont toujours droits. Il

» n'y a point de perversité originelle » dans le cœur humain. Il ne s'y trouve pas un seul vice, dont on ne » puisse dire comment & par où il y » est entré ». On sent aisément la contradiction de ces deux Textes. Dans celui-ci, Rousseau prétend que l'homme nait sans aucune impureté, sans aucune souillure; & dans l'autre, il reconnoît que l'homme n'est point demeuré pur, & que sa première liberté a été affoiblie. Mais comme il est bien éloigné d'en attribuer la cause à un péché Originel, il la cherche dans de vaines conjectures que lui fournit son imagination : elles n'ont pour but que d'anéantir la foi d'un péché Originel, sous le spécieux prétexte de procurer au bonheur de l'homme un degré plus sublime, & à sa vertu un plus grand éclat. Pour montrer à Rousseau la témérité de ses *modestes conjectures*, ſuivons l'homme depuis le berceau juſqu'à ſon entrée dans le tombeau.

Quel étonnant ſpectacle que celui de notre enfance ! Les douleurs & les travaux qu'on ſouffre pour nous donner le jour, ſont une annonce certaine des misères où nous allons entrer. Encore incapables d'exprimer par nos diſcours ce que nous ſentons & ce que nous ſommes, nos cris & nos gémiſſemens publient déja nos afflictions & nos malheurs. Miſérables dès ce premier moment, ſans ſçavoir que nous le ſommes, & ſans connoître même que nous exiſtons, que notre état eſt digne de larmes & de compaſſion ! Nés avec une raiſon qui nous éléve au-deſſus de tous les Etres créés qui compoſent ce monde, combien de tems ne ſommes-nous pas ſans en pouvoir faire aucun uſage ? Cette raiſon enſevelie dans les ſens, par combien de travaux, de peines & d'efforts ne ſe développe-t-elle pas ? Nous ſommes faits pour connoître la vérité ; nous la déſirons ardemment ; nous y tendons de tout le poids de notre eſprit. Cependant ce bien qui nous eſt ſi naturel, ſi analogue, nous fuit & nous échappe : voulons-nous le ſaiſir & y atteindre, ſa lumière nous éblouit & nous confond, nos yeux foibles & obſcurcis ne peuvent en ſoutenir l'éclat, & nous ſommes obligés de lâcher priſe, dans le tems même que nous eſpérions tenir & poſſéder ce que nous pourſuivions. Mais ce n'eſt encore là qu'une légère peinture des difficultés que nous avons à ſurmonter dans la recherche de la Vérité. Tout nous abuſe, tout nous ſéduit, tout nous trompe : notre imagination, par ſes faux rapports ; nos ſens, par leurs illuſions & leurs funeſtes impreſſions ; la coutume & les opinions, par le triſte empire qu'elles exercent ſur nos eſprits : tout au-dedans & au-dehors, nous tend des piéges pour nous égarer. L'erreur ſe ſert, pour nous ſéduire, de l'ardeur même que nous avons pour la Vérité ; &, par le plus déplorable de tous les malheurs, cette Vérité, que nous aimons & que nous cherchons uniquement, devient pour nous une occaſion de toute ſorte d'égaremens. Nous nous attachons aux erreurs les plus groſſières ; & pour tout fruit de nos veilles & de nos travaux, nous ne recueillons ſouvent que les opinions les plus fauſſes & les plus extravagantes, que nous embraſſons encore avec autant d'avidité que les plus grandes vérités.

Telle eſt la triſte ſituation de l'homme laiſſé à lui - même à l'égard de la Vérité. Si de-là nous paſſons à la félicité & au bonheur qu'il pourſuit de toute ſon ame, quelle étonnante contradiction ne ferons - nous pas ſurpris d'y découvrir ! Il déſire paſſionnément d'être heureux, & combien de moyens différens ne prend-t-il pas pour y parvenir ? Sa volonté n'ordonne jamais la moindre démarche qu'elle n'ait cet objet en vue. Il eſt la baſe, le motif & la fin de toutes ſes actions. C'eſt lui qui la remue, qui la tient continuellement en haleine, & qui la porte à tant de partis ſi différens. Que d'efforts, que de ſoins, que de travaux durs & pénibles pour parvenir à ce grand objet où le cœur tend de toute ſa plénitude ! Mais, ô bonheur, que vous ſemblez être loin de nous ! Votre vue nous ſoutient & nous anime ; nous ſommes dans une agitation continuelle pour vous trouver ; nous espérons à chaque fois vous rencontrer & vous saisir, & toujours vous nous fuyez, toujours vous trompez notre attente, & nous retombons dans nos misères avec un nouveau sentiment de douleur & d'amertume. Depuis que le monde existe ; qui a jamais pu se flatter d'être parvenu, par les lumières de sa raison & les secours de la nature, à ce terme où tous les hommes aspirent ? Princes & sujets, grands & petits, savans & ignorans, jeunes & vieux, de tous les tems & de tous les pays, tous se plaignent également de s'être fatigués sans succès dans la recherche d'un bien, qu'ils sollicitent cependant avec tant d'ardeur. Mais ce qu'il y a de plus déplorable & de plus étrange, ce qui montre clairement la perversité & l'égarement de l'homme, c'est que tout ce que la nature peut nous présenter de plus vil & de plus méprisable, a tenu lieu à l'homme de sa fin & de son bonheur. Astres, élémens, plantes, animaux, guerres, crimes & désordres, tout lui est devenu bon, tout a été mis en œuvre pour réparer & remplacer le vrai bien qu'il avoit perdu. Il n'est pas jusqu'à sa propre destruction qui ne lui ait paru un moyen sûr de le recouvrer. Voilà la triste condition de l'homme à l'égard du vrai bien, comme à l'égard de la Vérité. Il aime la Vérité, il la désire, & il ne trouve en lui que ténèbres; que confusions d'idées, qu'incertitudes. Il cherche le bonheur, & il ne trouve qu'un amas prodigieux de toutes sortes de misères. N'est-il pas visible que l'homme est égaré; qu'il est déchu de son premier état? Que nous crie cette avidité & cette impuissance, si ce n'est que l'homme autrefois a joui d'un véritable bonheur, dont il ne lui reste aujourd'hui que la marque & la trace toute vuide, qu'il essaie inutilement de remplir par tout ce qui l'environne? « Tout annonce, » comme le dit Pascal, que l'homme » est un Roi, mais un Roi détrôné, » qui porte dans son sein un sentiment » continuel de sa première condition, » & qui conserve, même malgré lui, » un violent désir d'être rétabli ». On apperçoit encore en lui des restes de sa première grandeur & quelques marques de son ancienne dignité: mais on sent aussi, & l'homme le publie partout, qu'il a été dégradé, dépouillé & exilé, parce qu'il est devenu prévaricateur. Car enfin, si l'homme n'avoit été corrompu, & s'il n'étoit devenu pécheur, il devroit jouir de la Vérité & de la félicité avec une pleine aſſurance ; & ſi l'homme n'avoit jamais été que corrompu, il n'auroit aucune idée ni de la Vérité, ni de la béatitude. Mais, malheureux que nous ſommes ! nous avons une idée du bonheur, & nous ne pouvons y arriver. Nous ſentons une image de la Vérité, & nous ne poſſédons que le menſonge : incapables d'ignorer abſolument & de ſavoir certainement, tant il eſt manifeſte que nous avons été dans un dégré de perfection, dont nous ſommes malheureuſement tombés !

Pour en fournir une preuve complette, conſidérons toute la peſanteur & l'étendue du joug terrible qui accable les enfans d'Adam. Dès notre origine nos ſens ſont révoltés contre la raiſon ; elle ſe trouve dominée par la chair, & notre ame en devient l'eſclave. Toutes les paſſions nous tyranniſent tour à tour, ſouvent même toutes ensemble. Plongés dans les ténèbres d'une profonde ignorance, & frappés de la playe d'une concupiscence universelle, nous hésitons sur nos principaux devoirs, nous prenons à chaque instant le change. Le plus petit bien a souvent pour nous des difficultés insurmontables; & le mal, quelque énorme qu'il soit, a pour nous des attraits séduisans. Toutes nos pensées sont tournées vers le mal, avant même de l'avoir commis par un acte de notre propre volonté; toutes nos facultés sont souillées & viciées. Nous sentons au-dedans de nous une guerre continuelle; ce n'est dans notre propre sein que sédition, que révolte; tout s'oppose au bien que nous voudrions faire, & tout nous porte & nous entraîne au mal que nous fuyons & que nous détestons. Un poids dur & pénible, contre lequel nous som-

mes

mes obligés de luter sans-cesse, nous tient continuellement penchés vers les objets terrestres & sensibles. En un mot l'homme fait pour être spirituel, même dans sa chair, parce que l'esprit devoit y présider, est devenu charnel jusques dans l'esprit, parce que la chair en le subjugant exerce sur lui un empire tyrannique. Un orgueil secret & inconcevable nous tourmente sans fin, nous ronge & nous dévore : ses replis subtils & ses détours cachés nous en rendent le joüet perpétuel ; tout lui sert, il se nourrit des coups même que nous lui portons ; & dans sa défaite il trouve un nouveau moyen de triompher. Son poison ne laisse subsister en nous qu'une ombre & qu'une apparence de vertu dont il fait ses délices ; & n'en retenant au plus que l'éclat & les dehors, il agit sans cesse pour en ruiner l'esprit & la réalité. Tant de maux & d'afflictions ne sont pas seulement propres à quelques-uns ; ils sont communs à tous, tous en ressentent la force & la violence. Les plus vertueux, les plus vigilans sur eux-mêmes sont ceux qui les sentent encore mieux ; ils éprouvent chaque jour ces funestes dispositions d'une nature viciée & corrompue ; elles sont pour eux la matière d'un gémissement & d'un combat continuel. Que nous crie donc ce cahos & cette confusion monstrueuse, sinon la vérité des deux états de l'homme ! Ils nous crient avec une voix si puissante, qu'il est impossible d'y résister.

En vain voudra-t-on persuader à l'homme qu'il n'est point déchu de son premier état, son expérience journalière, son propre sentiment ne cesseront de donner un démenti formel à ces grossiers imposteurs qui cherchent à nous séduire.

L'homme eſt quelque choſe de ſi affreux & de ſi hideux à ſes propres yeux, qu'il ne peut ſe ſupporter, ſe voir & ſe conſidérer ſans effroi. C'eſt-là l'origine & la cauſe de ces agitations perpétuelles où il paſſe ſa vie. Son unique ſoin eſt de tâcher de s'oublier ſoi-même, en s'occupant d'une multitude d'objets qui puiſſent détourner ſes regards de deſſus lui. Comme il ne trouve rien en lui qui puiſſe le contenter; qu'il n'apperçoit rien qui ne l'afflige; il évite de ſe ſentir, & il cherche, dans l'application aux choſes extérieures, à perdre de vue ſon véritable état, & à s'étourdir ſur ſes miſères exceſſives. Veut-on rendre l'homme miſérable? il ſuffit de le condamner au ſilence & au repos, & l'obliger de vivre avec lui-même. Il déplorera bientôt ſa condition, parce qu'alors, entiérement livré à ſoi, il ſe ſentira accablé de tout le poids de ſa misère. C'eſt auſſi ce qui rend aux hommes la priſon un ſupplice ſi horrible, & ce qui fait que peu de perſonnes ſont capables de goûter les douceurs de la ſolitude. Quel phénomène & quel prodige de contradiction l'homme eſt-il donc ! Il s'aime & n'aime que lui ; & il ne peut s'enviſager ſans tomber auſſi-tôt dans la triſteſſe & le chagrin. Tout ce qu'il cherche au-dehors n'a d'autre fin que lui-même ; & il ne hait rien tant que d'être ſeul avec ſoi. Il ſe fuit autant qu'il peut, & ſon oubli fait ſa joie. N'en ſoyons pas étonnés : il ne trouve en lui qu'un amas de misères inévitables, & un vuide général de tous les biens réels & ſolides. Mais que l'homme eſt vain & léger, puiſqu'au milieu de tant de juſtes cauſes d'ennui, la moindre bagatelle ſuffit pour l'amuſer !

Qu'il est aveugle, puisqu'il met tout son bonheur à courir après des phantômes & des objets si vils & si méprisables, qui seroient incapables d'occuper son esprit, s'il n'avoit perdu le goût & le sentiment du vrai bien ! *Quelle chimère est-ce donc que l'homme*, s'écrie le grand Pascal ! *quelle nouveauté ! quel cahos ! quel sujet de contradiction ! juge de toutes choses, imbécille ver de terre, dépositaire du vrai, amas d'incertitude, gloire & rebut de l'Univers. S'il se vante, je l'abaisse ; s'il s'abaisse, je le vante, & le contredis toujours, jusqu'à ce qu'il comprenne qu'il est un monstre incompréhensible.*

Les misères & les maux que je viens de tracer, ne sont pas les seuls dont nous soyons affligés. Combien d'autres d'une nature différente concourent avec les premiers, pour former ce fleuve d'afflictions qui inonde toute notre vie dès la naiſſance ! Une main inviſible nous pourſuit ſans ceſſe, & ne nous donne aucun relâche. Nous ne ſommes délivrés d'un genre d'affliction, que pour tomber dans un autre plus pénible & plus douloureux. La crainte & le trouble, la terreur & l'effroi ſont autant de bourreaux qui nous ſuivent par-tout comme des criminels. Point de repos pour nous ni la nuit, ni le jour. Lorſque tout ſemble calme & tranquille, que nous commençons à nous délaſſer des fatigues du jour, & qu'à peine nous avons goûté les douceurs d'un premier ſommeil, une imagination vive & déréglée nous préſente toute ſorte de monſtres & de phantômes, & nous nous trouvons alors comme une ſentinelle pendant le jour. On croit être pourſuivi par un ennemi furieux, comme dans un jour de combat. Ce n'eſt qu'en s'éveillant en ſurſaut qu'on ſe ſauve de cette crainte : on a peine à ſe remettre d'une épouvante ſi étrange, & on s'étonne d'avoir trouvé tant de péril au milieu même d'une entière sûreté. Que dirai-je encore de ces maladies accablantes répandues ſur toute chair ? Qui peut compter les douleurs & les tourmens ſi multipliés que nous ſouffrons chaque jour dans nos membres ? Nous expirons à chaque inſtant ; & pour comble de malheur, ce corps qui s'affoiblit & ſe corrompt ſans-ceſſe, fait reſſentir à l'ame tout le poids de ſa langueur. Il appeſantit & abbat notre eſprit, & lui ôtant le peu de vigueur qui lui reſte, il le rend preſque incapable de toute application. S'il veut s'élever à la contemplation des vérités céleſtes, ce corps mourant & chargé de douleur émousse sa vivacité ; il le fait bientôt retomber dans les sens ; & replongé dans les images dont ils le remplissent, l'homme ne peut retrouver un cœur qui s'égare, & un esprit qui se dissipe.

C'est enfin par tant de maux que l'homme si amateur de la vie arrive à la mort dont sa nature a tant d'horreur, & à quelle mort ? Souvent mort tragique, mort funeste, mort cruelle, par l'épée dans le combat, par l'oppression, la peste, la famine, & l'accablement de tous les fléaux de la vengeance Divine. N'est-il pas visible que l'Univers entier n'est qu'une assemblée de coupables, que la Justice de Dieu fait passer par une infinité de tortures, avant de les exécuter par les différens supplices auxquels elle les a condamnés ? Connoissez donc, superbe, quel paradoxe vous êtes à vous-même. Humiliez-vous, Raiſon impuiſſante : taiſez-vous Nature imbécille, apprenez que l'homme paſſe infiniment l'homme, & entendez de votre Maître votre condition véritable que vous ignorez. (*Paſcal*)

En effet, que Rouſſeau nous diſe comment, ſous un Dieu juſte, le genre humain peut être accablé de tant de maux, s'il n'eſt coupable dès ſa naiſſance. Regardez, lui dirons-nous après S. Auguſtin, regardez cette enfance laborieuſe, de quels maux n'eſt-elle pas opprimée ? Parmi quelles vanités, quels tourmens, quelles erreurs & quelles terreurs prend-elle ſon accroiſſement ? Quand on eſt grand, & qu'on veut même ſe conſacrer entiérement au ſervice de Dieu, combien de dangereuſes tentations par l'erreur qui nous veut ſéduire, par la volupté qui nous entraîne, par la douleur & l'ennui qui nous abattent, par l'orgueil qui nous enfle & nous éléve ? Qui pourroit expliquer ce joug pesant dont sont accablés les enfans d'Adam, ou croire que sous un Dieu bon, sous un Dieu juste, on dût souffrir tant de maux, si le péché Originel n'avoit précédé ? Il n'y a pas de milieu : Dieu est injuste, ou impuissant, ou l'homme est coupable : *Quid igitur restat, nisi ut causa istorum malorum sit, aut iniquitas, vel impotentia Dei, aut pœna primi veterisque peccati* (*a*) ? Or Rousseau soutient, aussi-bien que nous, que (*b*), *celui qui peut tout, ne peut vouloir que ce qui est bien*; que l'*Etre souverainement bon, parce qu'il est souverainement puissant, doit être aussi souverainement juste, autrement il se contrediroit lui-même; car l'amour de*

(*a*) S. Augustin.
(*b*) *Tome III*, pag. 82.

l'ordre qui le produit s'appelle Bonté, *& l'amour de l'ordre qui le conserve*, *s'appelle* Justice. Puis donc que Dieu n'est ni injuste, ni impuissant ; que Rousseau confesse avec nous, qu'un joug si dur & si pesant ne seroit pas imposé aux enfans d'Adam depuis le jour de leur sortie du sein de leurs mères jusqu'à celui de leur entrée dans le sein de leur mère commune, s'ils ne l'avoient mérité par le crime de leur origine.

Un Dieu si amateur de l'ordre, peut-il donc être l'Auteur du désordre que nous sentons dans toutes les parties de notre être ? Peut-il avoir formé l'homme avec toutes ces perverses inclinations, qui se déclarent tous les jours de plus en plus ; avec cette pente prodigieuse qu'il a à s'assujettir à toute autre chose qu'à son Seigneur naturel ? Tant de contradictions réunies en nous, peuvent-elles avoir sa sagesse pour principe? Qui seroit assez impie pour oser soutenir que le Dieu saint excite en nous ces combats continuels de la chair contre l'esprit, cette révolte si générale de toutes les passions; que c'est lui qui allume en nous ces traits enflammés d'une cupidité qui nous consume, même malgré nous? Qui seroit assez téméraire & insensé, pour prétendre que le Dieu de l'innocence & de la pureté produit dans nos membres cette Loi de péché, toujours en guerre avec la Loi de la raison & de l'esprit; qu'il y fomente & y nourrit ces attraits si séduisans, qui tantôt en secret, tantôt au-dehors nous provoquent & nous attirent par l'appas des objets sensibles? Enfin un déreglement & une concupiscence si universelle, qui du sein de cette maison de boue que nous habitons, ne cesse de répandre les exhalaisons les plus corrompues; qui fait tous ses efforts pour captiver & soumettre à ses désirs l'image de notre Prince, & pour achever d'exterminer ce qui nous reste des bienfaits de notre première condition; une source si impure, une cause si féconde en tant de maux, si digne de nos larmes & de nos gémissemens, peut-elle avoir une autre origine que le crime de notre nature? Que peut-elle être, si ce n'est le juste supplice de la révolte & de la désobéissance où nous sommes tous tombés en Adam notre père? Pour avoir voulu en lui & par lui nous tirer de la juste dépendance où nous devions être à l'égard de notre Dieu; dès-lors nous avons mérité de perdre l'empire que nous avions sur nous-mêmes & sur toutes choses : dès-lors il a été juste que tout se soulevât en nous contre nous-mêmes, & qu'à son tour la chair secouât le joug d'une Raison rebelle à son Dieu.

C'est en vain que Rousseau, pour éluder la force de toutes ces raisons, veut nous opposer la téméraire modestie de ses fausses conjectures. C'est en vain qu'à la vraie cause de nos misères il s'efforce d'en substituer une tirée de son imagination, qu'il croit propre à tout concilier. « Pourquoi, » nous a-t-il dit, mon ame est-elle » soumise à mes sens, & enchaînée à » ce corps qui l'asservit & la gêne ? Je » n'en sçais rien : suis-je entré dans » les Décrets de Dieu ? Mais je puis, » sans témérité, former de modestes » conjectures. Je me dis, si l'esprit » de l'homme fût resté libre & pur, » quel mérite auroit-il d'aimer & sui- » vre l'ordre qu'il verroit établi, &

» qu'il n'auroit nul intérêt à troubler ? » Il seroit heureux, il est vrai ; mais il » manqueroit à son bonheur le dégré » le plus sublime, la gloire de la ver- » tu & le bon témoignage de soi ». Belle maniere d'expliquer les maux sans nombre qui nous accablent ! faut-il donc faire Dieu injuste, pour rendre l'homme juste & bon ? Peut-on dire qu'il ne l'est pas, s'il punit l'innocent avant qu'il l'ait mérité ? L'affliger & l'opprimer sans d'autre motif que celui de le rendre capable de mérite & de vertu ; c'est un prétexte indigne de sa grandeur & de sa bonté : *Cum ergo sis justus, juste omnia disponis : ipsum quoque qui non debet puniri, condemnare, exterum æstimas à tua virtute* (a). La raison concourt avec la Foi pour établir cette vérité ; & l'idée de Dieu que Rousseau nous

(a) *Sap.* XII.

a tracée plus haut, ne sçauroit se concilier avec sa chimérique conjecture. Quel blasphême & quelle impiété de croire que le Dieu trois fois Saint rendît impure & souillée la pureté de l'innocent, & commençât par nous faire perdre le mérite de l'innocence, pour nous faire remporter celui de la victoire & de la patience! Mais, non. Si Dieu est auteur de la révolution arrivée dans notre nature; si c'est lui qui y a produit cette révolte que nous éprouvons sans cesse, l'homme ne doit plus combattre contre lui-même. La concupiscence venant de Dieu ne peut être un mal auquel il doive s'opposer. Qu'il y consente, qu'il s'y livre à plaisir; lui résister, ce seroit faire injure à l'ouvrage de Dieu; ce seroit s'opposer aux mouvemens qu'il nous inspire. Ainsi, que désormais les Loix humaines ne prétendent plus

s'arroger

s'arroger le droit de réprimer les effets extérieurs de notre concupiscence. Leur appartient-il de réformer ce que Dieu a fait, & de changer la sainte institution de notre nature ? O le bel Evangile ! la sublime Morale ! qu'elle est bien digne d'un Rousseau ! Les modestes conjectures, qui tendent à tout renverser & tout confondre, à autoriser tous les crimes & les désordres, à diviniser & sanctifier toutes les passions, & ouvrir au libertinage une pleine & libre carrière !

Mais allons plus loin. Que Rousseau nous montre l'application qu'il pourra faire de ses modestes conjectures à l'état des enfans. Pourquoi, lui demanderons-nous, cette enfance est - elle accablée de tant de maux ? pourquoi est-elle livrée à tant de douleurs & de tourmens ? couverte de tant de vices & de défauts ? Pourquoi, privée de l'uſage de ſa raiſon, arrive-t-il ſouvent qu'elle ne la recouvre pas même dans l'âge le plus avancé ? Rouſſeau ne pourra nous répondre que tout ceci eſt fait pour exercer ſa vertu, puiſque ſon état la rend incapable de tout exercice de vertu, & qu'alors elle n'eſt pas plus ſuſceptible de mérite que de démérite. Comment donc le Dieu juſte pourroit-il affliger de tant de maux notre enfance ? comment un Dieu ſi bon pourroit-il décharger ſur ſa propre image tous les traits de ſa colère, dans un tems où par elle-même elle ne peut ni les avoir mérités, ni en tirer aucun avantage, ſi à ſes yeux elle n'étoit criminelle & digne, par ſon origine, d'être frappée de toutes ces plaies ? Que les misères de l'enfance forcent donc Rouſſeau d'admettre un péché Originel, s'il ne croit pas que Dieu ſoit un Dieu injuſte.

C'eſt la vue de toutes les misères que nous ſouffrons depuis notre naiſſance juſqu'à la mort, qui a forcé les Philoſophes payens, qui n'avoient jamais oüi parler du péché Originel, de ſoutenir & d'enſeigner que nous n'étions dans ce monde, que pour être punis des péchés commis dans une autre vie; & que le corps étoit à notre ame un ſupplice ſemblable à celui que les Pirates d'Etrurie faiſoient ſouffrir à leurs captifs, en les attachant tout vivans à des corps déja corrompus. Ces Philoſophes ne pouvoient concevoir qu'un tel ſupplice pût exiſter dans un monde gouverné par un Dieu juſte, ſans quelque péché précédent qui l'eût mérité. C'eſt ce qui les obligeoit de donner aux ames une vie hors du corps, où ſuppoſant qu'elles s'étoient abandonnées au crime & au déſordre, ils en concluoient qu'elles avoient été précipitées dans cette prison du corps & dans toutes les misères qui en sont la suite, pour y satisfaire à la Justice Divine.

Voilà ce que pouvoient dire de plus apparent les hommes qui ignoroient la chute du genre humain dans son Auteur. Mais comme cette préexistence des âmes n'a d'autre réalité que celle que leur imagination lui a donnée ; qu'elle n'a aucun fondement solide, & qu'elle est démentie, non-seulement par les lumières de notre raison, mais encore par notre propre sentiment ; que nous reste-t-il de mieux à admettre que le péché Originel, qui, tout incompréhensible qu'il est, est cependant l'unique & le plus simple moyen pour tout concilier ? Sans lui quel jugement peut-on porter des défauts communs à tous les hommes & qui naissent avec eux ? comment s'empêcher d'en regarder Dieu comme l'auteur ? quel moyen aura-t-on de concilier tant de grandeur & de noblesse, avec un si grand fond de foiblesse & de bassesse ? Mais tout s'éclaircit dès que je sçais que l'état où je vois l'homme, n'est pas celui où Dieu l'avoit mis. Je cesse d'être étonné de voir dans la misère un sujet rebelle & disgracié. Je ne trouve plus de contrariété dans l'ouvrage de Dieu, je n'en trouve que dans ce qui est resté de ce grand ouvrage, & les altérations que le péché de l'homme y a faites : dès que je suis instruit du changement arrivé dans ma première condition ; dès que je sçais que je suis né pécheur, tous mes doutes cessent, toutes mes perplexités s'évanouissent, & les difficultés qui m'embarrassoient se dissipent sans peine.

Rousseau cherche en vain à justifier la Providence contre certains Philosophes qui osent l'attaquer : il ne le pourra jamais faire d'une manière solide & triomphante, qu'en posant pour premier principe un péché Originel. Sans ce secours, pour éviter un écueil, il se précipite nécessairement dans un autre : l'Athée & le Matérialiste lui opposeront toujours des difficultés insurmontables. Quel est ce Dieu, lui diront-ils, qui, sans cause ni raison, nous a formés avec un corps nud, fragile, infirme & mortel ? Quelle est cette ame spirituelle par sa nature, qui sans être coupable ni criminelle, est devenue semblable aux bêtes, que les terreurs troublent & déconcertent, que les douleurs inquiétent & agitent, que les passions & les cupidités les plus déréglées tyrannisent & asservissent ?

J'avouerai & je conviendrai ſans peine, que rien n'irrite plus notre ſoible raiſon, que ce grand myſtère de la tranſmiſſion d'un péché commis depuis tant de ſiécles. Mais ſi nos foibles lumières ne peuvent y atteindre, il devient ſenſible par l'état déplorable du genre humain, il devient néceſſaire par l'idée que nous avons d'un Dieu juſte & bon, qui ne peut rendre malheureux des innocens & les tourmenter à plaiſir. Ainſi l'obſcurité du premier point ſe trouve prouvée & éclaircie par l'évidence, & la certitude des deux derniers, eſſentiellement liés avec lui. La manière, il eſt vrai, dont ce péché a paſſé juſqu'à nous, eſt impénétrable & couverte d'obſcurité : mais convenons auſſi que de ce point ſi voilé, il ſort une lumière qui éclaircit tout; & ſi, parceque nous ne pouvons comprendre ce point, nous nous obſtinons à le rejetter, nous n'entendons plus rien dans tout le reſte : Dieu, l'Homme, & l'Univers, rentrent auſſitôt pour nous dans un abîme d'obſcurité où nous ne pouvons rien découvrir : au lieu que la ſoumiſſion de notre raiſon à ce point unique eſt récompenſée par l'intelligence d'une multitude d'autres, tout le reſte devient clair & lumineux. Dieu, l'Homme, & l'Univers ſe préſentent à moi ſous un point de vûe où je diſcerne tout ce qui m'étoit auparavant caché.

Quelques réflexions pourront encore nous faire ſentir l'équité des jugemens que Dieu exerce ſur nous dans la communication du péché Originel : elles acheveront de montrer combien l'Incrédule eſt peu fondé à prétendre que le péché Originel eſt contraire à la ſaine raiſon.

Nous sçavons tous l'amour & la tendresse que Dieu a inspirée aux parens pour leurs enfans. Nous sçavons que les maux des enfans sont plus douloureux & plus sensibles aux pères, que les leurs propres : ils sacrifieroient volontiers leur vie pour conserver celle de leurs enfans ; parce qu'ils ne veulent vivre que pour eux, que tout leur désir est de se voir renaître en eux, & de les rendre heureux un jour. Ce caractère paternel a dû se trouver principalement dans celui qui étoit, non-seulement le premier de tous les pères, mais encore père par excellence, puisqu'il a été établi celui du genre humain. Pour rendre donc Adam pleinement heureux ou malheureux, selon qu'il seroit fidéle ou infidéle à son Dieu, il falloit qu'il pût communiquer à ses enfans son bonheur ou son malheur. Il n'eût été qu'imparfaitement heureux, s'il eût vu ſes enfans devenir malheureux ; & ſon ſupplice eût de même été trop adouci, ſi ſes enfans n'euſſent point été compris dans ſes malheurs. Ainſi, après avoir tranſgreſſé le Commandement ſi facile, que Dieu lui avoit impoſé pour éprouver ſa ſoumiſſion, il étoit juſte qu'il fût puni, non-ſeulement dans ſa perſonne, mais encore dans celle de ſes enfans, comme étant la portion la plus chère de ſa ſubſtance, & plus intimement unie à lui que ſes propres membres. Les enfans futurs de ce premier père, n'ayant d'être qu'en lui, devinrent le juſte objet de la haine & de la vengeance Divine. Tous étant dans un ſeul, tous furent maudits dans un ſeul ; & cet infortuné père fut puni dans tout ce qu'il renfermoit d'enfans en ſa perſonne, depuis la première juſqu'à la dernière génération.

Si nous voulons voir une image ſenſible de cette Juſtice de Dieu, conſidérons les Arrêts de la Juſtice humaine. Un père dégradé perd ſa nobleſſe & pour lui & pour ſes enfans, pour ceux qui ſont à naître comme pour ceux qui exiſtent : tous perdent en lui leurs biens & tous les avantages de la ſociété civile ; parce que le père a mérité d'en être privé. S'il eſt banni & exclus du commerce de ſes citoyens, du ſein de ſa patrie & de ſa terre natale, ſes enfans ſont bannis avec lui pour toujours. Qu'ont-ils donc fait qui méritât de pareils traitemens, que nous n'ayons fait auſſi pour mériter ceux que nous éprouvons dans la perſonne de notre premier père ? Et quel droit avons-nous pour oſer critiquer & reprendre les régles impénétrables de la Juſtice Divine, dont nous voyons des veſtiges dans celle même des hommes, quoique ſi inférieure, & que perſonne n'oſeroit condamner? quel tort & quelle injure Dieu nous a-t-il fait? Il avoit créé ce premier homme ſi parfait; il lui avoit donné une ſi grande facilité de conſerver pour lui & pour toute ſa poſtérité le bien immenſe qu'il avoit mis en ſa perſonne, que nous ne pouvions nous plaindre de nous voir renfermés dans Adam, & de ne faire moralement avec lui qu'une ſeule & même perſonne. Pouvions-nous nous flatter de faire un meilleur uſage que lui, des dons & des bienfaits de Dieu? Pouvions-nous nous promettre plus de fidélité & de perſévérance, que ce chef-d'œuvre de la Toute-puiſſance divine? S'il fût reſté dans l'état où elle l'avoit mis, il eût été récompenſé dans tous ſes enfans: la juſtice originelle eût été un héritage commun, & nous bénirions tous la Bonté Divine, d'avoir renfermé en lui le bonheur du genre humain. Pourquoi donc, après avoir perdu dans ce père commun, ce qu'il avoit reçu pour lui comme pour nous, après que la Nature humaine n'est maudite dans ses branches, que parce qu'elle l'a été dans sa tige : pourquoi nous soulèverons-nous contre la Justice Divine, & permettrons-nous à une raison aveugle, téméraire & déréglée, d'en vouloir sonder les abîmes ?

Au lieu de nous plaindre & de murmurer contre les jugemens de la Justice Divine, adorons-les en tremblant, acquiesçons avec reconnoissance à l'Arrêt prononcé sur nous, bénissons la Miséricorde qui nous est offerte. Notre malheur n'est pas sans ressource. Déplorons-le, mais consolons-nous. La Bonté Divine y a préparé un remède surabondant. A peine étions-nous devenus pécheurs dans la personne de notre premier père, que Dieu, encore plein de tendresse & d'amour pour sa créature, malgré l'outrage ineffable qu'il venoit d'en recevoir, daigne la rassurer par la promesse d'un Libérateur. Déja il lui annonce que son crime sera expié par un Médiateur, qui, s'unissant à lui, le réconciliera avec son Dieu. C'est en lui & par lui que l'homme triomphera de l'ennemi qui l'a vaincu. C'est par sa victoire que l'homme recouvrera ses premiers droits; que tous les biens qu'il avoit perdus lui seront restitués avec avantage & un ample dédommagement.

Tels sont les grands objets que nous présente la Religion Chrétienne. Qu'ils sont bien dignes de notre attention & de notre examen! C'est la

Religion Chrétienne qui nous tire de l'incertitude, dans laquelle les hommes avoient été si long-tems à l'égard de leur état. C'est elle qui nous apprend la raison de toutes ces contrariétés si étonnantes que nous réunissons en nous, & qui nous explique cette énigme impénétrable à toute la sagesse des plus grands Philosophes. Elle nous découvre le véritable état de notre nature, sa grandeur & sa bassesse, son excellence & sa misère, en nous montrant que l'homme s'est dégradé & avili ; qu'il a perdu cette communication si intime qu'il avoit avec son Dieu, cette pureté & cette innocence, cette lumière si vive, cette intelligence si sublime dont il avoit été doué, & que par sa chute il s'est plongé dans cet abîme de vices & de déréglemens, d'indigence & de misère où nous le voyons aujourd'hui,

Mais elle ne se contente pas d'exposer à l'homme ses maux & leur origine ; elle prévient encore le désespoir où la vue de tant de maux pourroit le précipiter. Elle lui offre des remédes souverains, & lui enseigne les moyens de les obtenir.

Peut-on n'être pas déja prévenu d'estime & d'amour pour une Religion qui connoît si bien l'homme ? Comment ne pas désirer d'avance de trouver vraie & bien fondée une Religion qui nous promet des remédes si dignes d'envie, si efficaces & si salutaires ? Entrons dans la discussion de ses preuves, & pesons les moyens que Rousseau emploie pour les détruire.

Après plusieurs Leçons données à son Emile, il lui adresse la parole en ces termes : « Vous ne voyez (*a*) » dans mon exposé que la Religion

(*a*) *Tom. III, pag.* 132.

» naturelle :

» naturelle ; il est bien étrange qu'il » en faille une autre ! Par où connoî- » trai-je cette nécessité ? De quoi puis- » je être coupable en servant Dieu se- » lon les lumières qu'il donne à mon » esprit, & selon les sentimens qu'il » inspire à mon cœur ? Quelle pureté » de morale, quel dogme utile à » l'homme & honorable à son Au- » teur puis-je tirer d'une Doctrine » positive, que je ne puisse tirer sans » elle du bon usage de mes facultés ? » Montrez-moi ce qu'on peut ajoûter, » pour la gloire de Dieu, pour le bien » de la Société & pour mon propre » avantage, aux devoirs de la Loi na- » turelle ; & quelle vertu vous ferez » naître d'un nouveau culte, qui ne » soit pas une conséquence du mien ? » Les plus grandes idées de la Divi- » nité nous viennent par la raison seu- » le : (voyez le *Spectacle de la Nature*)

» écoutez la Voix intérieure. Dieu » n'a-t-il pas tout dit à nos yeux, à » notre conscience, à notre jugement ? » Qu'est-ce que les hommes nous di» ront de plus ? »

Quel aveuglement dans Rousseau, de prétendre contester la nécessité d'une révélation ! Ne lui suffiroit-il pas de se consulter lui-même pour en sentir tout le besoin ? Que lui disent ces doutes & ces ténébres qu'il éprouve sur les principaux points, dont il est obligé de convenir ? Ne lui marquent-ils pas bien clairement combien la révélation nous est nécessaire ? Les incertitudes de Rousseau sur notre état actuel, aussi-bien que sur notre état futur ; ses perplexités sur l'immortalité de l'ame (*a*) ; son ignorance (*b*) sur la cause, & l'origine du monde ;

(*a*) *Tom. III, pag.* 86.
(*b*) *Pag.* 61.

ſon embarras pour décider ſi le monde eſt éternel ou crée ; s'il y a un principe unique des choſes, s'il y en a deux ou pluſieurs ; les difficultés inſurmontables (*a*) qu'il rencontre pour venger la Providence contre le Matérialiſme, qui l'obligent d'anéantir cette Providence en paroiſſant la défendre ; qui le forcent de lui enlever la meilleure partie de ſes droits, en avançant que tout ce que l'*homme fait librement n'entre point dans le ſyſtême ordonné de la Providence ;* qu'elle *n'empêche pas l'homme de faire le mal, ſoit que de la part d'un être ſi foible ce mal ſoit nul à ſes yeux, ſoit qu'elle ne pût l'empêcher ſans gêner ſa liberté, & faire un plus grand mal en dégradant ſa nature.* Tant de motifs ne devroient-ils pas avoir convaincu Rouſſeau de l'inutilité de ſes efforts, pour attein-

(*a*) *Pag.* 77.

dre à la Vérité. Il eſt obligé de faire l'aveu de ſes ténébres & de ſon impuiſſance ; & auſſi-tôt après il vient nous conteſter la néceſſité du remède ſeul capable d'y ſuppléer. « L'examen » qui me reſte à faire, diſoit-il à ſon » Eléve il n'y a qu'un moment (a), » en parlant de la Religion, eſt bien » différent ; je n'y vois qu'*embarras*, » *Myſtère*, *obſcurité* ; je n'y porte » qu'*incertitude & défiance : je ne me* » *détermine qu'en tremblant, & je vous* » *dis plutôt mes doutes que mon avis*... » Ne donnez à mes diſcours que l'au- » torité de la raiſon ; j'ignore ſi je ſuis » dans l'erreur. Il eſt difficile, quand » on diſcute, de ne pas prendre quel- » ques fois le ton affirmatif : mais ſou- » venez-vous qu'ici *toutes mes affirma-* » *tions ne ſont que des raiſons de dou-* » *ter*. » Et un peu plus haut, Rouſſeau

(a) *Tom. III, p.* 131.

disoit à son Emile : « Dans la juste dé-
» fiance de moi-même (*a*), la seule
» chose que je demande (à Dieu).....
» est de redresser mon erreur si je
« m'égare..... Pour être de bonne-foi,
» je ne me crois pas infaillible : *mes*
» *opinions, qui me semblent les plus*
» *vraies, sont peut-être autant de men-*
» *songes*....... L'illusion qui m'abuse a
» beau venir de moi, c'est lui seul qui
» m'en peut guérir. *J'ai fait ce que j'ai*
» *pû pour atteindre à la Vérité ; mais*
» *sa source est trop élevée :* quand les
» forces me manquent pour aller plus
» loin....... c'est à elle à s'approcher. »

O homme téméraire dans son aveuglement, superbe dans son ignorance, dont les ténébres font les délices ; qui aime mieux jouir avec complaisance des opinions si extravagantes de son imagination déréglée, que d'être

(*a*) *Pag.* 127 & 128.

obligé de recourir à une lumière ſupérieure qui ne lui laiſſeroit aucun ſujet de ſe glorifier dans la vanité de ſes penſées ! Stupide mortel, qui préfere d'être bizarre & ſingulier dans ſes idées, quoique folles & ridicules, s'il faut penſer ſagement avec la multitude ! Comment peut il encore nous recuſer le beſoin de la révélation, après avoir reconnu que dans les objets de la Religion, ſa raiſon n'y voit qu'embarras, myſtère, obſcurité, qu'il n'y porte qu'incertitude & défiance, qu'il ne ſe détermine qu'en tremblant ; après qu'il a déclaré que toutes ſes affirmations ne ſont que des raiſons de douter, & que les opinions qui lui ſemblent les plus vraies ſont peut-être autant de menſonges ? N'eſt-ce pas nous prouver bien clairement la néceſſité de la révélation, que de la rejetter malgré des aveux ſi juſtes & ſi bien fondés ? Quoi, notre raison n'entend rien dans les choses de la Religion ; elle n'y trouve qu'embarras, mystère, obscurité, & elle sera pour nous une régle suffisante, nous pourrons apprendre d'elle tous les dogmes utiles à l'homme & honorables à son Auteur, que nous pourrions tirer d'une Doctrine positive ? Quelle sera cette Religion, où tout ne sera que doutes, qu'incertitudes, que raison de douter, & peut-être que mensonges ? Est-ce donc ainsi que le Dieu de Rousseau veut être servi & adoré ? O qu'un Eléve sera bien avancé, qu'il sera bien instruit lorsqu'un Maître, comme Rousseau, lui aura appris, pour toute Religion, des doutes, des incertitudes, des mensonges ! O les dignes Leçons qui conduisent tout au plus à faire de son Disciple un docte & parfait Pyrrhonien sur tous les objets de la Religion. Ce n'eſt pas ainſi que le grand Maître de la Religion Chrétienne forme & inſtruit ſes Diſciples. S'il leur parle, c'eſt pour diſſiper leurs ténébres, c'eſt pour lever leurs doutes, faire ceſſer leurs incertitudes, & bannir de leurs eſprits toute erreur & tout menſonge. Auſſi parle-t-il en Maître qui prouve clairement, par ſes œuvres & ſes diſcours, qu'à lui ſeul appartient le droit de nous inſtruire, parce que tous les tréſors de la ſcience & de la ſageſſe ſont renfermés en lui, & qu'il eſt la Vérité même. Mais Rouſſeau, qui prétend ſe mêler d'enſeigner, & qui veut être le Docteur des autres, ſans ſe croire obligé de puiſer dans cette ſource commune & unique, que pourroit-il nous débiter qui ne prouvât qu'il n'eſt qu'un amas de doutes, d'incertitudes & de menſonges? Serions-nous aſſez aveugles pour préférer un pareil Maître à celui que nous offre la Religion Chrétienne ?

Rousseau n'est pas le seul qui nous prouve la nécessité de la Révélation. Les ténèbres & les égaremens de l'Univers entier, avant l'établissement de la Foi, déposent hautement en faveur de cette Vérité, & nous la rendent des plus sensibles. Ce sont des faits qui parlent plus fortement que tous les vains discours de notre orgueilleuse raison, & une aussi longue expérience de son impuissance & de ses ténébres ne nous permettent plus de l'écouter. Quoi de plus naturel à l'homme que de reconnoître son Dieu, son principe & sa fin ? Tout le lui annonçoit, tout le publioit. Le grand spectacle de la Nature ne cessoit de montrer à l'homme son Maître & son Auteur. Comblé chaque jour de ses bienfaits & de ses faveurs, tout le portoit à s'élever jusqu'à lui ; il en étoit si près, qu'il le touchoit pour ainsi-dire du doigt. Cependant comment l'a-t-il connu, & jusqu'à quel point ne l'a-t-il pas dégradé & avili ? Le Soleil, les Astres, le feu & les élémens furent les premiers objets de l'adoration publique. Les grands Rois, les Conquérans célébres, les Auteurs des inventions utiles à la vie humaine reçurent bientôt après les honneurs divins. On adora tout jusqu'aux bêtes & aux reptiles, & la Majesté Divine fut métamorphosée en toute sorte d'insectes & d'animaux, d'êtres matériels & insensibles. Tout étoit Dieu, comme dit le grand Bossuet, excepté Dieu même ; & le monde, que Dieu avoit fait pour manifester sa puissance, sembloit être devenu un temple d'Idoles. Les uns reconnoissoient pour leurs Dieux ceux que d'autres avoient en horreur. Chaque Ville, chaque Bourgade avoit ses Dieux particuliers & méprisoit souverainement ceux des autres. Les Nations les plus éclairées & les plus sages, les Chaldéens, les Egyptiens, les Phéniciens, les Grecs, les Romains étoient les plus ignorans & les plus aveugles sur la Religion : tant il est vrai qu'il faut y être elevé par une sagesse plus qu'humaine! Le genre humain s'égara jusqu'à diviniser ses vices & ses passions, jusqu'à leur ériger un culte & des autels. Qui oseroit raconter ces infâmes cérémonies des Dieux immortels, ces abominables mystères d'impureté? Leurs amours, leurs cruautés, leur jalousie & tous leurs autres excès étoient le sujet de leurs Fêtes, de leurs Sacrifices, des Hymnes qu'on leur chantoit & des peintures qu'on consacroit dans leurs Temples. Ainsi le crime étoit adoré

& reconnu néceſſaire au culte des Dieux. Tout le ſervice public n'étoit qu'une continuelle profanation & une grave & ſérieuſe dériſion du nom de Dieu. A tant de corruptions, de folies & d'extravagances ſe joignit encore la plus barbare cruauté. On crut que pour appaiſer les Dieux irrités, les Victimes ordinaires ne ſuffiſoient pas : il fallut encore verſer le ſang humain & le confondre avec celui des bêtes. On vit les pères immoler leurs propres enfans, les brûler à leurs yeux, & ſubſtituer la fumée de leur ſang à l'odeur des parfums. Ces horribles ſacrifices n'étoient pas particuliers à quelques peuples, ils étoient communs à tous, ſans en excepter aucun. Par-tout les hommes ont ſacrifié leurs ſemblables, & il n'y a point eu de lieu ſur la terre qui n'ait adoré ces affreuſes Divinités, dont la haine implacable pour le genre humain exigeoit de telles victimes.

Au milieu de ténébres si épaisses & d'une ignorance si profonde, l'homme voulut encore adorer jusqu'à l'œuvre de ses mains. Il crut pouvoir renfermer l'Esprit Divin dans des Statues ; & il oublia si profondément que Dieu l'avoit fait, qu'il crut à son tour pouvoir faire un Dieu. Qui le pourroit croire, si l'expérience ne nous faisoit voir qu'une erreur si stupide & si grossière étoit, non seulement la plus universelle, mais encore la plus enracinée & la plus incorrigible parmi les hommes ? Ainsi nous sommes obligés de reconnoître, à la grande confusion du genre humain, que la première des vérités, celle que le monde prêche, celle dont l'impression est la plus puissante, étoit cependant la plus éloignée de l'esprit & de la vue des hommes.

Les Philoſophes, qui paſſoient pour être ſi ſages & ſi éclairés, prenoient part, comme tous les autres, à tous ces crimes & ces déſordres. Ces hommes, dont la raiſon avoit été cultivée par tant de veilles, de ſoins & d'études, livrés à eux-mêmes, ſe ſont précipités dans toute ſorte d'abſurdités, d'erreurs les plus groſſières, & d'opinions les plus extravagantes. Il faudroit des volumes entiers pour en faire l'énumération. Chacun ſe faiſoit un Dieu à ſa façon; les uns ſoutenoient qu'il ne ſe mêloit en aucune manière de ce qui ſe paſſe dans l'Univers; que tout y étoit abandonné au hazard; qu'il ſeroit indigne de ſa grandeur & contraire à ſon repos d'entrer dans ce détail immenſe des événemens du monde, & des différentes parties qui le compoſent. D'autres ont ſoumis le Dieu qu'ils ſe forgeoient à la fatale nécessité du destin, & l'ont rendu dépendant de loix étrangères aux siennes. Plusieurs confondoient les Démons avec les Dieux, & ne mettoient entre eux aucune différence. Il y en a qui n'ont fait de Dieu qu'un tout avec les Etres créés, qui le regardoient comme l'ame de ce grand corps. Une autre Secte a inventé un Dieu auteur & principe du bien, & un autre Dieu, source & cause de tous les maux & de tous les désordres. Ils ont mis ces deux Dieux continuellement aux prises ensemble, pour soutenir leurs droits & leurs prérogatives. Socrate, ce Sage si célébre, accusé de nier les Dieux que le public adoroit, s'en défend comme d'un crime. Platon, en parlant du Dieu qui avoit formé l'Univers, dit qu'il est difficile de le trouver, & qu'on ne doit en parler qu'en énigme.

Que d'erreurs monſtrueuſes parmi les Philoſophes, ſur l'origine & le principe du monde! Les uns ſe ſont imaginés que l'eau étoit le premier principe de toutes choſes : d'autres ont penſé que c'étoit l'air ou le feu; & un certain nombre a ſoutenu que les quatre élémens réunis étoient la cauſe & l'origine du monde. On en voit qui, encore plus aveugles & plus inſenſés, ont prétendu que l'Univers étoit éternel & ſans principe. Pluſieurs l'ont conçu formé par un concours fortuit des premiers corps, en ſoutenant néanmoins qu'il étoit ſans commencement; & ſelon d'autres tout eſt infini & increé. Les plus ſages de ces Philoſophes, & ceux qui ſe ſont le moins écartés du vrai, nous ont propoſé un Dieu qui trouvant une matière éternelle & exiſtente par elle-même auſſi-bien que lui, qui n'en dépendoit

doit ni dans le fond de son être, ni dans son premier état, l'a mise en œuvre & l'a façonnée comme un artisan vulgaire. Selon cet extravagant systême, la matière est égalée à Dieu, & Dieu lui-même se trouve gêné & contraint dans son ouvrage par cette matière même & par ses dispositions qu'il n'a pas ordonnées : il se trouve asservi à des Loix que lui-même ne peut violer. Ces prétendus Philosophes, avec toutes les lumières de leur raison, n'ont pu comprendre que si la matière existe par elle-même, elle n'a pas dû attendre sa perfection d'une main étrangère ; & que si Dieu est parfait & infini, il n'a eu besoin, pour faire tout ce qu'il vouloit, que de lui-même & de sa volonté toute puissante.

Combien de disputes parmi ces Philosophes sur la nature & l'essence de notre! ame Ici c'étoit un être ſubtil, là une vapeur déliée. Dans une Ecole on la faiſoit partie mortelle, partie immortelle; & dans une autre on vouloit qu'elle pérît avec le corps. Pluſieurs penſoient que notre ame étoit une portion de la Nature Divine, une Divinité elle-même, un être éternel, increé, & qui n'avoit pas plus de commencement que de fin: quelques-uns la faiſoient exiſter avant le corps, où elle avoit enſuite paſſé: que dirai-je de ceux qui croyoient la tranſmigration des ames, qui les faiſoient rouler des cieux à la terre, & de la terre aux cieux, de la félicité à la misère, & de la misère à la félicité; qui les faiſoient ſortir d'un corps, pour entrer ſucceſſivement dans une multitude d'autres; du corps de l'homme dans celui d'un cheval & des animaux de toute eſpéce? « Selon ces

» Philosophes, disoit un ancien Au» teur, aujourd'hui je suis im» mortel, & je m'en réjouis : mais » bientôt je deviens mortel, & sans » raison. Bientôt on me transforme » en toute sorte d'individus, je de» viens eau, je deviens air, je de» viens feu, & presque aussi-tôt je ne » suis ni air, ni feu ; on me convertit » en bête, on me change en poisson, » & tour à tour je me trouve avoir les » tigres & les dauphins pour frères. » Si je me regarde, le corps qu'on me » donne me fait peur ; je ne sçais quel » nom lui donner. L'appellerai-je hom» me, chien, loup, taureau, oiseau, » serpent, dragon ou chimère ? car » tous ces sages Maîtres me métamor» phosent en animal de tout genre, » terrestre, aquatique, volatil, sau» vage & domestique, muet & qui a » de la voix, brut & qui a de la rai-

» ſon ; je nâge, je vole, je ſuis porté » dans les airs, je rampe, je cours & » je m'aſſied. Mais ici ſe préſente le » docte Empédocles, qui veut en» core me mettre au nombre des arbres ».

Nous ne finirions pas, ſi nous voulions rapporter tous les ſyſtêmes ridicules & inſenſés des anciens Philoſophes ſur les points les plus importans. Diſons cependant encore deux mots de leurs opinions ſur l'état & la fin de l'homme. Ceux qui parmi eux ont un peu connu la réalité & l'excellence de l'homme, comme ils ne pouvoient concilier ce fond de grandeur & d'élévation avec ce fond de baſſeſſe & d'indigence réunis dans une même nature, ils ont attribué à lâcheté & à ingratitude ces ſentimens ſi bas que les hommes ont naturellement d'eux-mêmes. Les autres au contraire, qui ont connu combien cette baſſeſſe étoit réelle & innée avec nous, ont traité d'un orgueil ridicule ces ſentimens de grandeur ſi naturels à l'homme. Les premiers, ne connoiſſant point les maladies de l'homme, ni les remédes qui pouvoient les guérir, n'ont travaillé qu'à les augmenter en le portant à ſe croire égal à Dieu, & en lui ſuggérant qu'il pouvoit, par ſa propre ſageſſe, ſe rendre ſemblable à lui. Les autres au contraire, qui ne trouvoient dans l'homme rien que de bas, de vil & de mépriſable, l'abaiſſoient juſqu'au déſeſpoir, & vouloient le réduire à la condition des bêtes, en lui apprenant à ne chercher d'autre bien que dans les voluptés qui ſont le partage des animaux.

Le nombre des opinions des Philoſophes ſur le bonheur & la fin de l'homme eſt preſque innombrable. Les uns enſeignoient qu'elle conſiſtoit dans les plaiſirs des ſens ; que la volupté étoit notre ſouverain bien : d'autres la plaçoient dans l'exemption de la douleur : ceux-ci l'imaginoient dans la gloire & la réputation, & ceux-là la faiſoient conſiſter dans la pareſſe & l'indolence : un plus grand nombre, confondant les moyens avec la fin, prétendoient que la vertu eſt l'unique bonheur de l'homme, & que la ſageſſe eſt à elle-même ſa propre récompenſe. Ces ſuperbes aveugles penſoient que l'homme ſe ſuffit à lui-même pour ſe rendre heureux, & qu'il eſt l'unique auteur de ſa félicité. Leur préſomption les a entraînés dans une erreur ſi abſurde, qu'après avoir ſoutenu que leur Sage ſeroit heureux, même dans le taureau de Phalaris, ils ſont obligés de convenir qu'il faut quelquefois fuir & éviter la vie heuteuſe ; & pour comble d'extravagance, après avoir avancé que le Sage eſt heureux au milieu des tourmens & des afflictions de cette vie, preſſés cependant par la conſidération de toutes les misères qui pouvoient fondre ſur lui, ils ont voulu qu'alors ce Sage ſe donnât lui-même la mort pour ſe délivrer de cette prétendue vie heureuſe.

Mais comment celui qui eſt toujours heureux, qui eſt parfaitement maître de ſon bonheur, a-t-il pû le perdre par quelque calamité ? Et ſi, au milieu des maux qui l'affligent, il eſt toujours heureux, il arrivera donc, ſelon ces Philoſophes, qu'un Sage ne pourra plus ſupporter la vie heureuſe ; & ce qui eſt encore plus abſurde, qu'il devra la rejetter & s'en délivrer par une mort qui ſeroit le comble des malheurs.

Ceux des Philoſophes qui ont été

aſſez éclairés pour ſentir que la vraie béatitude de l'homme ne ſe trouvoit pas ici-bas ; bien loin de le rappeller à l'objet infini, ſeul capable de remplir ſes déſirs ; bien loin de le conſoler par l'eſpérance ſi douce de le poſſéder un jour, ils ne pensèrent pas même que nous ne pouvons commencer à être heureux ſur la terre, qu'à proportion qu'il daigne ſe communiquer à nous, & que nous en jouiſſons. Toute leur belle Philoſophie ſe termina à promettre aux hommes une demeure dans les Champs Eliſées, où leur occupation devoit être de converſer avec les ombres des morts, ſe rappeller mutuellement leurs avantures paſſées, déſirer comme auparavant les objets qui nous attachent à la terre, ſoupirer ſans-ceſſe après la triſte condition de ceux qui leur avoient ſurvécu, & attendre avec impatience le moment qui devoit leur procurer la ſatisfaction de revoir la lumière du jour.

Après tant d'erreurs & d'impiétés ſur les points fondamentaux de la Religion, ces Philoſophes ne pouvoient manquer de s'égarer dans leurs préceptes de morale. L'ignorance de la véritable fin de l'homme, de la nature de ſon ame, emporte néceſſairement avec ſoi le renverſement de toutes les règles des mœurs. Auſſi qui de ces Philoſophes a jamais connu le grand précepte de l'Amour de Dieu & ſon étendue? L'orgueil & l'amour de ſoi-même étoient chez-eux l'ame & le principal mobile de toutes les actions de la vie. Leur Philoſophie ne détruiſoit les vices que par d'autres vices; elle apprenoit avec faſte à mépriſer le monde, pour s'attirer les applaudiſſemens du monde; elle cherchoit plus la gloire de la ſageſſe que la ſageſſe elle-même ; & en détruiſant une paſſion, elle en élevoit toujours une plus dangéreuſe ſur ſes ruines.

Par une juſte conſéquence de leur morale, on ne voyoit chez-eux qu'envie, que jalouſie, qu'une ambitieuſe modération, qu'une hypocrite ſévérité, qu'une modeſtie ſuperbe, que des vertus faſtueuſes & apparentes. Que dis-je ? On n'y trouvoit que déſordres, que corruption : Socrate lui-même eſt déclaré coupable du crime le plus déshonorant pour l'humanité. Les villes les plus fécondes en grands Philoſophes, Rome, Athênes, Corinthe, conſacroient, comme nous avons vû, les vices les plus abominables, l'impudicité, l'inceſte, la cruauté, la perfidie ; & on ne célébroit le culte qu'on leur rendoit, que par des crimes auſſi infâmes & des proſtitutions publiques. Tous ces Philoſophes entretenoient le peuple dans ces déſordres, autant par leurs exemples que par leur doctrine. Le plus grave d'entre eux défend de boire avec excès, ſi ce n'eſt dans les fêtes de Bacchus & en l'honneur de ce Dieu. Un autre, après avoir blâmé toutes les images indécentes, en excepte celles des Dieux qui vouloient être honorés par ces infamies. Quelles abominations ne dictent pas la plûpart des principes de ces prétendus Sages? Ariſtote, par exemple, enſeigne que rien n'eſt abſolument bon ou mauvais en ſoi; que toute la difformité de nos actions vient des tems & des lieux, & non de la nature, en ſorte que les tems n'ont qu'à changer pour rendre beau ce qui étoit auparavant honteux. Où n'iroit-on pas avec un pareil principe? Quelle dépravation de mœurs, les loix ſi indécentes de Licurgue, de Solon, de Minos n'introduisoient-elles pas ? Quels sacriléges & quelle confusion n'auroit pas produit l'établissement de la République de Platon, ce Philosophe si distingué parmi les autres ? Il anéantit la sainte institution du Mariage, en permettant une brutale confusion parmi les hommes. Il confond les noms & les droits paternels que la Nature a toujours le plus respectés, & donne à la terre des hommes tous incertains de leur origine, & par-là sans liens, sans tendresse, sans affection & sans humanité.

Tels sont les égaremens de la raison humaine, ses fruits étranges & déplorables dans ceux-mêmes qui ont passé pour des génies si élevés & si profonds. Ces hommes couroient comme au hazard après des vérités qui étoient scellées pour eux. Ils ne cesſoient d'inventer de nouveaux ſyſtêmes qui ne ſervoient qu'à les en éloigner de plus en plus. Le Diſciple enchériſſoit ſur le Maître, & n'entaſſoit que de nouvelles erreurs ſur les premières. Voilà tout ce que la raiſon a pû produire, tant qu'elle a été livrée à elle-même. Il n'y a pas d'erreur qu'elle n'ait enfantée & miſe au jour. N'ayant point de régle fixe & certaine qui pût la diriger, elle s'eſt vûe entraînée par tous les vents des opinions humaines. Aujourd'hui elle aſſuroit & demain elle combattoit ce qu'elle avoit ſoutenu la veille; réduite enfin, après bien des diſputes, à convenir qu'elle ne ſçavoit rien, & que tout étoit pour elle un cahos impénétrable.

C'eſt ainſi que Dieu ſe jouoit de la ſageſſe humaine : c'eſt par de ſi longues & ſi funeſtes expériences qu'il a voulu convaincre une raiſon vaine &

ſuperbe, de la profondeur de ſes ténébres & de ſon impuiſſance pour arriver à la Vérité. Il lui a fait ſentir par des leçons ſi humiliantes, quel beſoin elle a d'un guide ſupérieur & d'une lumière ſurnaturelle; puiſque, laiſſée à elle-même, elle ne peut manquer de ſe précipiter dans un abîme d'erreurs.

Eh bien, demanderons-nous à Rouſſeau, ces grands hommes de l'Antiquité profane, ces génies ſi élevés, n'étoient-ils pas doués d'une raiſon auſſi étendue que la ſienne? N'avoient-ils pas autant de moyens naturels que lui, pour découvrir le vrai? Comment donc, après un exemple ſi fatal, Rouſſeau a-t-il la témérité de dire à ſon Emile: « Vous ne voyez » dans mon expoſé que la Religion » naturelle; il eſt bien étrange qu'il en » faille une autre. Par où connoîtrai-

» je cette néceſſité » ? Eh quoi ! l'Univers entier, épuiſé en vains efforts pour diſſiper ſes ténébres, ne ſuffit pas à Rouſſeau pour lui faire connoître la néceſſité d'une révélation? Quoi ! après une preuve ſi palpable & ſi convaincante, il oſera nous dire : « Quelle pureté de morale, quel » dogme utile à l'homme & honora» ble à ſon auteur puis-je tirer d'une » doctrine poſitive, que je ne puiſſe » tirer ſans elle du bon uſage de mes » facultés » ? Les Philoſophes, dont nous venons de rapporter les extravagances, n'auroient-ils pas pu, avec autant de fondement que Rouſſeau, nous tenir un pareil langage ?

Cependant ces hommes, plus ſincères encore que Rouſſeau, étoient forcés de convenir qu'ils ne pouvoient par le ſeul ſecours de leur raiſon parvenir à la Vérité. Porphyre, convaincu de l'inutilité de tous les moyens humains, reconnoissoit qu'il étoit dans l'attente d'un remède efficace, pour délivrer l'ame de ses doutes & de ses ténébres. (*Apud Aug. L.* 10, *de Civ. Dei, C.* 32.) Et Julien même l'Apostat, cet incrédule si accoutumé à nier ce qui n'étoit pas de la dernière évidence, ce Julien avouoit que la nature de l'homme n'est point capable, par elle-même, de connoître ce qui lui est utile, & par conséquent qu'elle a besoin d'être instruite & éclairée par une lumière supérieure. (*Apud S. Cyrill. L.* 5, *cont. Julian*).

La triste expérience, que les Philosophes, & tous les hommes avec eux, ont faite de l'insuffisance de leur raison & de toutes leurs facultés, ne sera-t-elle donc pas capable de rabaisser & de confondre l'orgueilleuse présomption de Rousseau? L'exemple de ce ce qui s'eſt déja paſſé, ne lui prouve-t-il pas d'une manière bien ſenſible que l'homme, ſans le ſecours de la révélation, ne peut, par le ſeul uſage de ſa raiſon, atteindre à la *pureté de la morale, découvrir les dogmes utiles à l'homme & honorables à leur Auteur?* L'hiſtoire des égaremens de la raiſon humaine nous fait voir que tous les principes de la loi naturelle étant preſque effacés du cœur des hommes, il étoit néceſſaire pour *la gloire de Dieu*, pour *le bien de la ſociété* & pour *le propre avantage* de l'homme en particulier, d'expoſer de nouveau à ſes yeux des vérités qui s'étoient éclipſées de ſon eſprit & de ſon cœur.

Peut-on n'être pas indigné, quand on entend Rouſſeau nous dire avec une oſtentation révoltante : Que *les plus grandes idées de la Divinité nous viennent par la raiſon ſeule*? Quelles idées cette raison aveugle & livrée à ses ténébres a-t-elle eues de son Dieu ? Quelle Divinité s'est elle forgée tant qu'elle n'a pas été éclairée des lumières de la révélation ? C'est à elle, & non à la raison égarée, que nous sommes redevables des grandes idées de la Divinité. C'est elle qui a fait disparoître par son éclat, & qui a dissipé par sa force tant d'opinions si injurieuses à la Nature Divine. Sans son secours nous marcherions encore comme à tâtons au milieu d'une nuité paisse, cherchant toujours en vain ce que notre raison ne nous montreroit jamais. Rousseau nous en fournit un grand exemple dans sa personne. Quelles sont ces belles idées de la Divinité que sa raison lui fournit ? S'il en établit une, un instant après il la combat ou la contredit ; il y revient ensuite, & bientôt après il la réduit encore en problême, jusqu'à ce qu'enfin il soit forcé de convenir qu'il n'y entend rien. Veut-on voir une analyse de ces belles idées de Rousseau sur la Divinité? Il doute même *si la matière est éternelle ou non; s'il y a un seul principe des choses, ou s'il y en a plusieurs*; il ne sçait (*a*) si Dieu a créé *la matière, les corps, les esprits & le monde.* Il est obligé d'avouer que l'*idée seule de création* le *confond* & *passe* sa *portée*: & cet homme, enseveli dans les ténébres de l'ignorance la plus grossière, osera soutenir encore que les plus grandes idées de la Divinité nous viennent par la raison seule? Eh qu'y voit-elle cette raison? qu'y peut-elle découvrir, de l'aveu même de Rousseau? » Je joins, nous » dit-il, (*b*) à ce nom (de Dieu)

(*a*) *Tom. III, p.* 93.
(*b*) *Ibid. p.* 62 & 63.

» les idées d'intelligence, de puissan-» ce, de volonté que j'ai rassemblées, » & celle de bonté qui en est une sui-» te nécessaire; mais je n'en connois » pas mieux l'Etre auquel je l'ai don-» née. Il se dérobe également à mes » sens & à mon entendement. Plus j'y » pense, plus je me confonds.... Si-tôt » que je veux le contempler en lui-mê-» me, si-tôt que je veux chercher où » il est, ce qu'il est, quelle est sa sub-» stance, il m'échappe, & mon esprit » troublé n'apperçoit plus rien. » Convenez donc, foible & pauvre mortel, que vous ne pouvez connoître de Dieu, que ce qu'il daigne bien nous en apprendre lui-même. Reconnoissez enfin le besoin d'une révélation, que tout vous crie au-dedans de vous-même, comme au-dehors; & sentez aujourd'hui, qu'en refusant de vous soumettre au joug doux & aimable de la révélation ; vous ne cessez d'être le jouet perpétuel, & la triste victime d'une raison qui vous aveugle, pour vous dérober les précipices où elle vous entraîne.

Vous en aviez si bien connu l'impuissance & l'illusion ; vous aviez déploré en termes si pathétiques ses folies & ses égaremens ; vous nous en aviez fait un tableau si naturel, mais si dégoûtant, par quelle fatalité êtes-vous donc revenu sur vos pas ?

» Je méditois (a), nous disiez-vous, » sur le triste sort des mortels flotans » sur cette mer des opinions humai- » nes, sans gouvernail, sans boussole, » & livrés à leurs passions ora- » geuses, sans autre guide qu'un Pi- » lote inexpérimenté qui méconnoît » sa route, & qui ne sait ni d'où il » vient, ni où il va. Je me disois :

(a) *Tom. III, p. 25 & 26.*

» J'aime la Vérité, je la cherche, & » je ne puis la reconnoître ; qu'on me » la montre, & j'y demeure attaché ; » pourquoi faut-il qu'elle se dérobe à » l'empressement d'un cœur fait pour » l'adorer ? « Tel est donc, selon Rousseau, le triste sort des hommes qui n'ont d'autre soutien que leur foible raison. Ils flottent sur cette mer des opinions humaines, sans gouvernail & sans boussole, avec un guide sans expérience, qui ignore la route qu'il doit tenir, qui nous dirige sans sçavoir ni d'où il vient, ni où il va. Quel fond peut-on donc faire sur un pareil guide ? Peut-on être assez téméraire pour s'abandonner à sa conduite ? Les hommes ont donc besoin d'un guide plus sûr, qui leur serve de gouvernail & de boussole, pour leur faire éviter tous les écueils où la raison aveugle ne peut manquer de les précipiter.

Si Rouſſeau dit vrai, s'il aime la Vérité, s'il la cherche ſincèrement, qu'il confeſſe d'abord la néceſſité d'une révélation, puiſque tous ſes efforts n'ont pu lui faire connoître cette Vérité, & qu'il n'a rapporté *de ſes longues méditations* (*a*), qu'*incertitude, obſcurité* & *contradiction ſur la cauſe de ſon être, & ſur la régle de ſes devoirs.*

Voilà la vérité & la clef de toutes celles qu'il dit chercher; nous la lui montrons par ſa propre expérience & & ſes propres aveux. Il a tort de ſe plaindre qu'elle ſe dérobe à ſes empreſſemens. Mais pourquoi faut-il, au contraire, qu'il ſe dérobe lui-même aux ſollicitations de cette Vérité, qui le preſſe de lui ouvrir ſon cœur? Les lumières des autres ne feront pas pour lui un moyen plus ſûr & plus effi-

(*a*) *Ibid. p.* 26.

cace ; il eſt encore forcé d'en convenir. Ne nous laſſons pas de l'entendre.

» Je conſultai (*a*), pourſuit-il, les » Philoſophes, je feuilletai leurs livres, » j'examinai leurs diverſes opinions, » je les trouvai tous fiers, affirma- » tifs, dogmatiques même dans leur » Scepticiſme prétendu, n'ignorant » rien, ne prouvant rien, ſe moquant » les uns des autres ; & ce point com- » mun à tous, me parut le ſeul ſur » lequel ils ont tous raiſon : triom- » phans quand ils attaquent, ils ſont » ſans vigueur en ſe défendant. Si » vous peſez les raiſons, ils n'en ont » que pour détruire : ſi vous comptez » les voix, chacun eſt réduit à la ſien- » ne ; ils ne s'accordent que pour diſ- » puter : les écouter, n'étoit pas le » moyen de ſortir de mon incertitu-

(*a*) *Ibid. p.* 17 *& ſuiv.*

» de. Je conçus que l'insuffisance de » l'esprit humain, est la première cau» se de cette prodigieuse diversité de » sentimens, & que l'orgueil est la » seconde. . . . . Nous nous ignorons » nous-mêmes; nous ne connoissons » ni notre nature, ni notre principe » actif; à peine sçavons-nous si l'hom» me est un être simple ou composé: » des mystères impénétrables nous en» vironnent de toutes parts, ils sont » au-dessus de la région sensible; pour » les percer, nous croyons avoir de » l'intelligence, & nous n'avons que » de l'imagination. Chacun se fraie . . . » une route qu'il croit la bonne; nul » ne peut sçavoir si la sienne méne au » but. Cependant nous voulons tout » pénétrer, tout connoître . . . . nous » aimons mieux nous déterminer au » hazard, & croire ce qui n'est pas, » que d'avouer qu'aucun de nous ne

» peut voir ce qui eſt. . . . . . Quand » les Philoſophes ſeroient en état de » découvrir la Vérité, qui d'entre-» eux prendroit intérêt à elle ? Cha-» cun ſçait bien que ſon ſyſtême n'eſt » pas mieux fondé que les autres ; » mais il le ſoutient, parce qu'il eſt » à lui. Il n'y en a pas un ſeul qui ve-» nant à connoître le vrai & le faux, » ne préférât le menſonge qu'il a trou-» vé, à la Vérité découverte par un » autre. Où eſt le Philoſophe qui, » pour ſa gloire, ne tromperoit pas » volontiers le genre-humain ? Où » eſt celui qui, dans le ſecret de ſon » cœur, ſe propoſe un autre objet que » de ſe diſtinguer ? Pourvu qu'il s'é-» léve au-deſſus du vulgaire, pourvu » qu'il efface l'éclat de ſes concur-» rens, que demande-t-il de plus ? » L'eſſentiel eſt de penſer autrement » que les autres. Chez les Croyans,

» il feroit Athée, chez les Athées il » feroit Croyant «.

On ne peut rien ajouter au tableau que Rouffeau fait ici des Philofophes de nos jours : il n'eft pas flateur, mais il ne doit pas être fufpect, puifque l'Auteur eft bon maître & bon connoiffeur en ce genre. Ecoutons les conféquences qu'il en va tirer. » Je » compris, conclue-t-il, que loin de » me délivrer de mes doutes inuti- » les, les Philofophes ne feroient que » multiplier ceux qui me tourmen- » toient, & n'en réfoudroient aucun. » Je pris donc un autre guide, & je » me dis : Confultons la lumière in- » térieure, elle m'égarera moins qu'ils » ne m'égarent, ou du moins mon » erreur fera la mienne, & je me » dépraverai moins en fuivant mes » propres illufions, qu'en me livrant » à leurs menfonges «. Quelle abfurde

& ridicule conséquence ! quel aveuglement ! Qui n'auroit cru que Rousseau, après avoir si bien senti & montré l'insuffisance de la raison de nos Philosophes pour découvrir la Vérité, alloit en conclure qu'il nous faut d'autres lumières & d'autres secours que ceux que nous fournit notre esprit ? N'est-ce pas la juste conséquence de tous ses aveux ? Si *l'insuffisance de l'esprit humain est la première cause de cette prodigieuse diversité de sentimens de nos Philosophes ; si* nous sommes si bornés, que *nous nous ignorons nous-mêmes*, que *nous ne connoissons ni notre nature, ni notre principe actif ; qu'à peine sçavons-nous si l'homme est un être simple ou composé ; si, pour percer des mystères impénétrables qui nous environnent de toutes parts, nous n'avons que de l'imagination ; croyant avoir de l'intelli-*

gence ; si *nul ne peut sçavoir si la route qu'il se fraie mène au but :* comment s'aveugler jusqu'au point de rejetter la nécessité d'une révélation ? Comment s'empêcher de reconnoître le besoin d'une lumière surnaturelle, qui nous délivre de ces doutes interminables qui nous tourmentent sans fin, qui nous tire de cet état de trouble & d'anxiété où nous jettent les incertitudes & les contradictions de notre esprit sur les points les plus importans ? Enfin, puisque *les Philosophes ne pourroient encore fixer nos doutes, quand même ils seroient en état de découvrir la Vérité*, parce qu'aucun d'eux n'*y prend intérêt*, parce qu'*il n'y en a pas un seul qui, venant à connoître le vrai & le faux, ne préférât le mensonge qu'il a trouvé, à la Vérité découverte par un autre ;* que tous, sans exception, n'ont d'*autre objet que de ſe diſtinguer*, & que chacun, *pour ſa gloire, tromperoit volontiers le genre-humain :* que nous reſte-t-il donc à déſirer, ſi ce n'eſt un guide incapable d'être trompé & de nous tromper ; qui nous ſervant de garant & d'appui, nous fraie une voie sûre pour aller à Dieu, & nous mette autant à couvert de nos propres illuſions, que des menſonges des autres ?

Quoi donc ! parce que l'erreur de Rouſſeau ſera la *ſienne*, en ſera-t-elle moins une erreur ? Parce qu'il ſera le maître & l'inventeur de ſes opinions extravagantes, lui ſeront-elles moins funeſtes & moins dangereuſes, que s'il les avoit puiſées ailleurs ? Ses propres illuſions ſont-elles donc un reméde bien ſalutaire à oppoſer aux égaremens qu'il ſemble déplorer ? Les traits qu'il a lancés contre les Philoſophes de nos jours, retomberont à plomb sur lui. En faisant leur portrait, il se peint au naturel sans y penser. Comme eux, ce n'est pas à la Vérité qu'il prend intérêt. Il sent le vrai, mais il préfére le mensonge qu'il a trouvé, à la Vérité qu'on lui découvre ; pour sa gloire, il ne cherche qu'à tromper le genre-humain ; le seul objet qu'il se propose dans le secret de son cœur, c'est de se distinguer, en mettant le comble aux folies & aux délires de ceux qu'il censure. Comme eux, il veut avoir un systême particulier; il sçait bien qu'il ne sera pas mieux fondé que celui des autres ; mais qu'importe ? au moins ce sera le sien. Pourvu qu'il s'élève au-dessus des autres ; pourvu qu'il efface l'éclat de ses concurrens, que demande-t-il de plus ? L'essentiel pour lui, est de penser autrement que les autres ; il aime mieux se déterminer au hazard, & croire même ce qui n'eſt pas, que d'avouer qu'aucun de nous ne peut voir ce qui eſt, ſans le ſecours d'une révélation.

Sentez, aveugle ſuperbe, combien vous vous rendez digne de mépris, en mépriſant vos modèles; puiſque vous imitez toutes leurs folies, & que vous retombez dans les mêmes égaremens que vous condamnez en eux. Vous êtes trop foible contre la Vérité que vous attaquez: eh! ne voyez-vous pas qu'elle ſe joue de vos vains efforts? Vous l'établiſſez en voulant la combattre. Qu'elle eſt puiſſante! puiſque ſi elle ne triomphe pas de vous par une humble ſoumiſſion, elle ſçait en triompher par les coups mêmes que vous lui portez, par la confuſion où elle vous jette, & par tous vos égaremens.

Tout ce que nous venons de dire, confirmé

confirmé par les témoignages de Rousseau, a dû nous persuader que l'homme, dans l'état présent, a besoin que Dieu lui parle pour se faire connoître à lui, pour lui apprendre son état & sa destination; ce qu'il doit à son Dieu, & la vraie manière de le servir & de l'honorer. Mais, outre le culte & l'hommage intérieur que l'homme doit à son Dieu, il lui est encore redevable d'un culte extérieur, dont le premier est l'ame, & qui ne peut être également connu que par le secours de la révélation. Cette proposition est aisée à démontrer, quoiqu'en dise Rousseau.

Le profond abaissement de notre ame sous la Majesté infinie, les sentimens d'un amour tendre & ardent, d'une ferme confiance en sa bonté, & d'une vive reconnoissance pour ses bienfaits, sont sans doute la meilleure

& la principale partie du culte que nous devons à l'Etre suprême : sans cela tout le reste n'est qu'hypocrisie & que mensonge ; nous n'honorons Dieu que des lévres ; nous cherchons en vain à lui en imposer par des signes extérieurs, dépouillés de ce qu'ils annoncent, & tout notre culte est en abomination aux yeux de l'Invisible qui sonde le fond des cœurs. Mais ce seroit une illusion aussi dangereuse, de s'imaginer que le culte intérieur est le seul que Dieu exige de nous.

L'homme étant composé d'un corps & d'une ame, il doit à son Dieu l'hommage de l'un & de l'autre ; il est juste que Dieu exige de lui qu'il l'honore & le serve par les actions du corps, comme par les sentimens de l'ame. Tout ce que l'homme est, venant de Dieu & appartenant à Dieu, n'est-il pas de l'ordre, que tout concoure à rendre à la Divinité le culte religieux qui lui est dû? Il faut donc que le corps soit associé au culte de l'ame : il ne doit former avec elle qu'un seul adorateur : c'est lui qui doit être le Pontife de sa Religion, le témoin qui dépose de ses sentimens, le soldat qui combatte pour leur défense.

L'état où les hommes sont réduits, la dépendance où leur esprit se trouve à l'égard du corps, demande qu'ils soient avertis par un culte qui frappe les sens, d'entrer dans les sentimens où ils doivent être à l'égard de Dieu. C'est cet extérieur de Religion qui soutient l'ame, qui l'excite & l'aide à s'élever à celui que lui rappellent ces dehors de la Religion. Quelle consolation pour elle, de pouvoir exprimer par-là les sentimens qui l'animent, d'y trouver un supplément à sa piété, & un moyen si naturel de l'enflammer & de l'augmenter ! Otez-lui ces objets sensibles, vous verrez bientôt sa Religion s'affoiblir, & tomber dans une langueur qui la conduira à une entière extinction de ses premiers sentimens.

L'homme tient le milieu entre Dieu & les autres créatures ; tout est destiné à son usage, tout est fait pour lui, c'est à lui à faire remonter jusqu'à Dieu tous les êtres corporels, dont il est devenu le centre & le lien qui les unit. C'est par lui qu'ils doivent retourner à leur principe, comme ils en sont sortis pour lui ; il est chargé solidairement de la part de toutes les créatures, de s'acquitter de tout ce qu'elles doivent à leur Auteur ; il est leur ame & leur intelligence, il est leur voix & leur député. Il faut donc que l'homme, établi pour être le Pontife de tous les êtres créés, ait un culte public & ſolemnel, par lequel il reconnoiſſe l'empire ſouverain que Dieu a ſur toutes les créatures, par lequel il proteſte qu'il le regarde comme l'Auteur & le Maître de toutes choſes, & lui rende en leur nom l'hommage de leur dépendance & de leur ſervitude.

Enfin les hommes étant deſtinés à vivre en ſociété, & à former un corps de Religion, qui les uniſſe plus étroitement encore que tous les liens de la nature & du ſang, il eſt néceſſaire qu'ils aient un culte viſible, par lequel ils puiſſent ſe manifeſter mutuellement leurs diſpoſitions intérieures, & les ſentimens de leurs cœurs pour Dieu : ils doivent édifier leurs frères par l'exemple de leur piété, & les porter, par ces témoignages ſenſibles d'un culte public, à rendre à Dieu l'adoration, l'hommage & le respect qui lui sont dûs.

Ces sentimens & ces principes sont si naturels, si bien gravés dans les cœurs de tous les hommes, que nous voyons dans tous les temps un culte, des autels, des sacrifices, & des jours destinés & consacrés à l'honneur & au service d'un Dieu vrai ou prétendu. L'idolatrie elle-même, qui, dans la suite des siécles, a inondé presque toute la terre, a aussi rendu témoignage à ce point essentiel de la Religion.

En effet, les Démons qui s'y faisoient passer pour des Dieux, & qui en affectoient tous les dehors, n'ignoroient pas quels sont les appanages de la Divinité, & les devoirs de la créature à son égard. S'ils demandoient à leurs adorateurs des temples, des autels, des hosties, des sacrifices, & tout ce qui constitue le culte extérieur; c'est qu'ils sçavoient très-bien que toutes ces choses sont dûes à celui dont ils prenoient le nom, & dont ils vouloient usurper la gloire. Les Nations & les Peuples n'acquiesçoient aussi à leurs désirs, que parce qu'ils étoient intimement persuadés de la même vérité. Il est donc clair qu'on ne peut attaquer la nécessité d'un culte extérieur, sans heurter les lumières de la raison, & sans mépriser l'accord évident & universel de tous les Peuples, pour lequel Rousseau veut qu'on ait tant d'égard.

Mais ce culte extérieur que Dieu exige de nous, ne sauroit être abandonné à la volonté & au caprice de chaque particulier. Pour être agréable à Dieu, il doit être réglé sur ses ordres & sa volonté : c'est à lui à nous le prescrire ; il en doit être le principe, comme il en est la fin ; il faut donc qu'il nous manifeste, par une révélation, ses intentions sur le culte extérieur qu'il exige de nous : car la raison ne peut nous apprendre ni nous suggérer les volontés libres & arbitraires de Dieu à cet égard : elles sont trop éloignées de nos idées & de nos pensées ; il n'y a que la déclaration que Dieu nous en fera lui-même, qui puisse nous en instruire & nous répondre de notre conformité à ce qu'elles exigent de nous ; par conséquent, soit qu'on examine la révélation du côté du culte intérieur, soit qu'on la considère du côté du culte extérieur, l'un & l'autre concourent à démontrer sa nécessité.

A ces preuves, que nous oppose Rousseau ? » Il falloit (*a*), continue-

(*a*) *Tom.* 3, p. 134.

» t-il, un culte uniforme : je le veux » bien ; mais ce point étoit-il donc si » important, qu'il fallût tout l'appa- » reil de la Puissance divine pour l'é- » tablir ? Ne confondons point le cé- » rémonial de la Religion avec la Re- » ligion. Le culte que Dieu deman- » de, est celui du cœur ; & celui-là, » quand il est sincère, est toujours » uniforme : c'est avoir une vanité » bien folle, de s'imaginer que Dieu » prenne un si grand intérêt à la for- » me de l'habit du Prêtre, à l'ordre » des mots qu'il prononce, aux ge- » stes qu'il fait à l'Autel, & à toutes » ses génuflexions. Eh ! mon ami, » reste de toute ta hauteur, tu seras » toujours assez près de terre. Dieu » veut être adoré en esprit & en vé- » rité : ce devoir est de toutes les Re- » ligions, de tous les pays, de tous » les hommes. Quant au culte exté-

» rieur, s'il doit être uniforme pour » le bon ordre, c'est purement une » affaire de police ; il ne faut point de » révélation pour cela «.

C'est ici le comble de l'artifice & de la malice. Rousseau ne cherche qu'à donner le change à ses Lecteurs, qu'à tout confondre pour mieux tromper, qu'à éblouir par des plaisanteries ridicules & grossières. » C'est avoir, » nous a-t-il dit, une vanité bien » folle, de s'imaginer que Dieu prenne un si grand intérêt à la forme » de l'habit du Prêtre, à l'ordre des » mots qu'il prononce, aux gestes qu'il » fait à l'Autel, & à toutes ses génu» flexions «. Mais quoi, homme sans conscience & sans bonne-foi, avons-nous jamais dit & soutenu, que la révélation fût nécessaire pour prescrire la forme de l'habit du Prêtre, ses gestes & ses génuflexions ? Pouviez-vous ignorer que toutes ces choses varient selon les temps & les lieux? Est-ce donc là en quoi consiste le fond & l'essence du culte extérieur, & n'est-il pas toujours le même, quelle que soit la forme de l'habit du Prêtre, ses gestes & ses génuflexions? Mais vous serez pris dans les piéges que vous avez voulu nous tendre, & vos propres paroles suffiront pour vous confondre. Ce Prêtre dont vous parlez, & non la forme de son habit; cet Autel & les sacrifices qui s'y offrent, & non tous les gestes & toutes les génuflexions qui s'y font; voilà précisément ce qui constitue l'essence du culte extérieur; voilà ce point si important, qu'il falloit tout l'appareil de la Puissance divine pour l'établir. En effet, le sacrifice étant dû à Dieu, & n'étant dû qu'à lui seul, c'est à lui à le prescrire tel qu'il lui plaît, & à désigner aux hommes un ordre de Prêtres & de Ministres pour le lui offrir. Rousseau nous dit de ne point confondre le cérémonial de la Religion avec la Religion : que n'a-t-il profité de cette leçon ? Lui seul est le coupable ; puisque, pour faire illusion à ses Lecteurs, il a confondu si malicieusement quelques cérémonies accidentelles du culte extérieur avec l'essentiel de ce culte.

Eh ! mon ami, continue Rousseau, *reste de toute ta hauteur, tu seras toujours assez près de terre.* Ver de terre, vile poussière, tiendriez-vous un pareil langage, si vous étiez vivement pénétré de votre néant, de votre bassesse, & de la grandeur infinie de l'Etre suprême, que vous ne cessez d'outrager par vos blasphêmes ? Ne diriez-vous pas plutôt à votre élève : Mon ami, abaisse-toi & confondstoi le plus que tu pourras devant la Majeſté ſouveraine ; tu ne le feras jamais autant que peuvent l'exiger le titre de ta dépendance, ton immenſe pauvreté & ſa grandeur infinie. C'eſt devant ce Dieu que tu adores, que tout ce qu'il y a de grand dans le ciel & ſur la terre, s'éclipſe & diſparoît ; c'eſt ſous le poids de cette Majeſté ſi redoutable, que tout doit s'abîmer & s'anéantir. Ainſi parleroit un homme qui voudroit ſincèrement adorer ſon Dieu en eſprit & en vérité.

Nous convenons avec Rouſſeau, que Dieu veut être adoré en eſprit & en vérité ; que le culte qu'il demande, eſt celui du cœur : mais on n'adore Dieu ainſi, qu'autant qu'on ſe conforme au culte extérieur qu'il nous impoſe. C'eſt être ſuperbe, de le mépriſer & de refuſer de s'y ſoumettre :

c'eſt être impie, de mépriſer ce qui fait partie de la vraie piété. Or tout le culte extérieur ſe rapporte au renouvellement du cœur, comme à ſa fin principale; il ne tend qu'à établir le régne de Dieu au-dedans de nous, qu'à nous conduire & nous affermir dans le culte intérieur; il n'eſt deſtiné qu'à nous inſpirer les ſentimens de l'amour & de la reconnoiſſance, qu'à réveiller notre attention, à purifier nos cœurs, & les détacher des choſes terreſtres, pour les élever & les unir à celui qui en doit être l'objet unique. Tel eſt la fin de tout l'appareil du culte extérieur. On ſent aiſément combien c'eſt lui faire injure, que de le regarder comme étranger à l'adoration en eſprit & en vérité, puiſqu'il en eſt la régle, le modèle & la baſe.

Il eſt vrai, comme nous l'avons

déja dit, que ce ſeroit une erreur & une ſuperſtition bien groſſière, de s'imaginer plaire à Dieu, & lui rendre l'hommage qu'il attend de nous, que de ſe contenter de ces démonſtrations extérieures, ſans ſe mettre en peine d'y répondre par les diſpoſitions & les mouvemens de ſon cœur. En vain feroit-on bruler de l'encens ſur les autels du Seigneur; en vain multiplieroit-on les ſacrifices, ſi le cœur ne brule en même-temps d'amour pour lui, s'il ne ſe ſacrifie & ſe dévoue tout entier à ſa gloire & à ſon ſervice. Ce ſeroit faire l'outrage le plus ſignalé à la Majeſté ſuprême, de croire l'honorer ſans l'aimer. Mais ce ſeroit une illuſion auſſi funeſte, & un autre menſonge, de ſe flatter d'adorer Dieu en eſprit & en vérité, ſans ſe ſoucier du culte extérieur, qui eſt une ſuite ſi néceſſaire du premier.

Quand le cœur eſt bien réglé ; quand on a donné ſincèrement à Dieu ſon amour & ſes affections, on ne s'aviſe pas de lui diſputer les dehors & la profeſſion extérieure des ſentimens qu'on a pour lui. Il en couteroit trop à un cœur qui aime, pour ne pas donner des témoignages extérieurs de ſon reſpect & de ſa ſoumiſſion, & des marques publiques & éclatantes de ſes hommages & de ſon adoration. Un cœur plein d'amour pour ſon Dieu, ne peut manquer d'empreſſement pour tout ce qui tend à l'honorer, & à peine la Religion lui fournit-elle aſſez de moyens & de pratiques pour ſatisfaire à l'ardeur qui le conſume.

Il ſied bien à nos Incrédules de tourner en ridicule les pratiques & les devoirs du culte extérieur, & de nous les repréſenter comme le partage des

des esprits foibles & des ames vulgaires ! Que sont donc ces hommes, qui se piquent de tant de raison, d'élévation, de grandeur & de force d'esprit ? Qu'on les suive & qu'on les examine, on leur trouvera toutes les inclinations des ames les plus basses & les plus viles. Ce sont des ames toutes de boue, que toutes les passions dominent, qui ne se conduisent que par les caprices de l'humeur & les inégalités de leur imagination, & que le seul instinct des sens guide comme les animaux sans raison. Qu'apperçoit-on en eux de grand, d'élevé, de digne de la force & de la sublimité de la raison ? Tout consiste chez eux dans une vaine ostentation de discours & de paroles ; mais leur raison, la force de leur esprit, leur prétendue Philosophie disparoissent & les abandonnent dans les occasions où il faudroit en donner des preuves : ce ne sont plus alors que des enfans, que de foibles roseaux que tous les vents agitent à leur gré. S'agit-il des devoirs de la Religion ? c'est alors qu'ils affectent une singularité, une force & une supériorité de génie que tout dément en eux. S'ils sont forts, c'est contre Dieu ; mais ils ne sont que foiblesse, quand il s'agit de se combattre eux-mêmes.

Qu'ont de commun de pareils hommes avec ces héros que la Religion a produits, avec ces grandes ames si recommandables par leurs lumières & leur vertu, si insensibles à toutes les choses de la terre, si généreuses, si intrépides dans tous les dangers, & si disposées à tout sacrifier pour Dieu ? Cependant de tels hommes se confondoient avec la multitude des simples dans les exercices du culte divin.

Plus ils étoient grands par-tout ailleurs, plus ils devenoient ſimples & petits, quand il étoit queſtion de rendre à Dieu les devoirs de la piété. Ces hommes admirables mettoient toutes leurs délices à répandre leurs ames dans ces pratiques extérieures, & à s'animer tous enſemble par ces témoignages réciproques de Foi & de Religion.

Mais ne ſoyons pas étonnés ſi nos Incrédules ne témoignent que du mépris pour le culte extérieur, & cherchent à l'anéantir. Ce n'eſt pas à lui qu'ils en veulent directement, leurs traits portent contre le culte en eſprit & en vérité dont ils ne ſe parent que pour la forme, & pour mieux couvrir leurs deſſeins. Ils n'oſent l'attaquer de front, mais ils s'en prennent au culte extérieur qu'ils ſçavent en être le rempart & le ferme appui. Ils voudroient pouvoir abolir ce culte extérieur qui les gêne, & les expose à passer pour impies en ne s'y conformant pas : s'ils y réussissoient, ils se joueroient ensuite dans le secret de leur cœur, du culte intérieur dont ils se glorifient, & ils jouiroient à leur aise, sans crainte & sans reproche, des malheureux fruits de leur déplorable incrédulité.

Tout ce que nous venons de dire, établit & démontre la nécessité d'un culte extérieur ; & cette nécessité, comme nous avons vu, prouve à son tour celle d'une révélation.

Avant de passer à un autre article, je ne dois pas laisser sans réplique un sophisme des plus singuliers, que Rousseau fait contre la nécessité de la révélation. Voici ses paroles : » On » me dit (*a*) qu'il falloit une révéla-

(*a*) *Tom. III, pag.* 133 & 134.

» tion pour apprendre aux hommes » la manière dont Dieu vouloit être » servi; on assigne en preuve la diver- » sité des cultes bisarres qu'ils ont in- » stitués; & l'on ne voit pas que cette » diversité même vient de la fantai- » sie des révélations. Dès que les Peu- » ples se sont avisés de faire parler » Dieu, chacun l'a fait parler à sa » mode, & lui a fait dire ce qu'il a » voulu «. Peut-on ne pas sentir l'ab- surdité d'un pareil raisonnement ? Si Rousseau vouloit prouver l'existence d'un Dieu par cette idée si constante & si universelle que tous les hommes en ont eue dans tous les temps, qui les a portés à en admettre un d'une façon ou d'une autre, que diroit-il à celui qui lui répondroit : Vous n'y enten- dez rien ? Quoi ! ne voyez-vous pas, que cette bisarrerie & cette diversité de Dieux, vient de la fantaisie que les hommes ont eue d'en admettre un ? Dès que les Peuples se sont avisés de penser qu'il y avoit un Dieu, chacun en a fait un à sa mode, chacun en a voulu avoir un de sa façon. Rousseau riroit sans doute d'une pareille réponse ; il auroit compassion de celui qui la lui feroit, & peut-être rougiroit-il pour lui d'un si grand aveuglement. Tel est le cas où nous nous trouvons à son égard.

Il prétend que cette diversité de cultes si bisarres que les hommes ont institués, vient de l'idée si uniforme qu'ils ont eue du besoin d'une révélation : d'où il conclut que cette idée est fausse & une pure fantaisie. C'est assurément comme si on nous disoit que l'idée que les hommes ont toujours eue d'un Dieu, n'est qu'une pure chimère, puisqu'elle a produit tant de Dieux abominables, ces Divinités si méprisables que les Peuples ont adorées. C'est encore comme si l'on soutenoit que le désir que nous avons tous d'être heureux, n'est qu'imaginaire, puisqu'il occasionne tous ces mauvais partis où les hommes se jettent, tous ces crimes & ces désordres qu'ils commettent pour satisfaire ce prétendu désir.

Rousseau a deux poids & deux mesures. Quand il s'agit de combattre la Religion, il abandonne tous les principes qu'il avoit d'abord soutenus contre certains Philosophes. Il avoit établi contre eux, qu'il y a *au fond de nos ames un principe inné de justice & de vertu*; & il avoit prétendu le prouver par l'*accord* (a) *évident & universel de toutes les Nations*: il n'avoit témoigné que de l'indignation contre *la clameur de ces prétendus Sages*, qui

(a) *Tome III*, p. 107 & 108.

osent rejetter cet accord, & s'élever contre l'*éclatante uniformité du jugement des hommes*; & bien-tôt après, cet homme, toujours en guerre avec lui-même, tombe dans la même extravagance, & il ose rejetter cet accord évident & universel de toutes les Nations en faveur de la nécessité d'une révélation, & s'élever contre l'éclatante uniformité du jugement des hommes, qui déposent pour cette vérité.

Comment n'a-t-il pas senti que les Philosophes qu'il réfute, se servant de ses propres armes, le forceroient ou d'admettre les conséquences qui résultent de cet accord de tous les Peuples en faveur de la révélation, ou de n'en tirer aucun argument contre eux sur la question qui les partage? Ne pourront-ils pas lui dire encore: Quel est ce principe inné de justice

& de vertu, en faveur duquel vous appellez le témoignage de tous les Peuples ? Eh quoi ! ne voyez-vous pas que cette prodigieuse diversité de mœurs & de conduite n'a d'autre cause que ce prétendu principe inné de justice & de vertu ? *Dès que les Peuples se sont avisés de faire parler Dieu* à leurs cœurs, *chacun l'a fait parler à sa mode, & lui a fait dire ce qu'il a voulu ;* & l'on s'est imaginé suivre sa voix, tandis qu'on n'obéissoit qu'à celle de la cupidité & des passions. O Rousseau (*a*), *toi qui te piques de franchise & de vérité, sois sincère & vrai, si un Philosophe peut l'être ;* & reconnois une vérité que tu ne peux combattre qu'en faisant violence à tes principes & tes sentimens. Ecoute cette conscience à laquelle tu nous rappelles ; elle te dira ce qu'elle a ap-

(*a*) *Ibid. p.* 109.

pris à tous les Peuples de tous les temps & de tous les lieux. C'est elle qui, au milieu même du désordre, de la confusion & des ténèbres où le genre-humain étoit plongé, lui faisoit entendre le besoin qu'il avoit du secours de la révélation pour remédier à ses maux. C'est elle qui lui faisoit sentir l'insuffisance de tous les autres moyens de la raison & de la conscience elle-même. Aussi n'y eut-il point de révélation apparente, quelque fausse qu'elle fût, qui ne s'établît sans peine. On ne vit point de Peuple qui ne prétendît avoir une Religion révélée. Toutes ces révélations n'étoient, il est vrai, qu'absurdités, que superstitions, qu'impostures : on faisoit une fausse application de l'idée qu'on avoit d'une révélation & de sa nécessité : mais ces erreurs & ces illusions expliquoient clairement la voix de la conſcience, & nous montrent que dans les ſiécles, même les plus ténébreux, les hommes ont ſenti qu'une révélation leur étoit abſolument néceſſaire.

Qu'il faut être aveuglé pour réſiſter encore à des preuves ſi convainçantes! J'aurois pu me diſpenſer d'en rapporter un ſi grand nombre. Après avoir établi l'exiſtence du péché originel, la conſéquence naturelle qui en réſultoit; c'étoit ſans doute la néceſſité d'une révélation. En effet, les prodigieux changemens que le péché a opérés dans notre nature, le bouleverſement général qu'il y a cauſé, les plaies profondes dont il l'a frappé; toutes ces funeſtes & déplorables ſuites de notre chute ne nous font-elles pas aſſez ſentir que le premier ordre étant troublé & renverſé, nous entrons dans un ordre tout nouveau, & nous avons besoin de recourir à des moyens d'un autre genre pour réparer les débris de notre naufrage? Or la révélation doit à juste titre être comptée parmi ces moyens, puisque c'est elle, & elle seule, qui peut dissiper ces ténèbres épaisses dont notre esprit est couvert, qui sont, comme nous avons vu, une suite nécessaire du crime que nous avons tous commis dans notre premier père.

Mais il y a plus. L'homme, devenu coupable & prévaricateur, digne de tous les anathêmes de la colere divine, dépouillé de tous les dons de sa bonté, incapable par lui-même de réparer l'outrage fait à la Majesté suprême, quelle ressource & quel espoir lui restera-t il donc? Comment s'y prendra-t-il pour rentrer en grace avec le Dieu offensé? Comment même osera-t-il l'entreprendre? Quel moyen assez efficace emploiera-t-il pour y réussir ? Qu'offrira l'homme à Dieu en compensation & pour acquitter sa dette ? Tout en lui est souillé, le péché a tout infecté, que pourroit-il présenter à Dieu qui lui fût agréable & digne de lui ? En vain appelleroit-il à son secours les autres créatures, il est trop au-dessus d'elles, & sont trop au-dessous de Dieu, pour pouvoir lui servir de médiateur. Que deviendra donc l'homme, si Dieu ne lui parle pour lui apprendre la route qu'il doit tenir ? Ou il va se livrer à un désespoir affreux, sans espérance & sans ressources, & se précipiter d'abîmes en abîmes ; ou, par une autre extrémité aussi dangereuse, il croira pouvoir se réconcilier avec son Dieu par ses services & ses efforts ; & ajoutant l'orgueil à son indignité, il prétendra s'approcher du thrône de la Divinité, ſans l'avoir appaiſée. Sa vaine confiance ne fera qu'irriter de plus en plus le Dieu offenſé, & ne ſervira qu'à mettre de nouveaux obſtacles à ſa réconciliation. L'homme s'épuiſera en mille efforts vains & inutiles, ſans avancer d'un ſeul pas vers le terme; ſon travail toujours infructueux ne remédiera à rien, & le laiſſera toujours languir ſous le poids de ſa misère, ſans y trouver aucune iſſue.

Il étoit donc néceſſaire que la bonté divine vînt au ſecours de l'homme, & que, prévenant ſon déſeſpoir, elle lui marquât la route qu'il devoit tenir pour recouvrer ſon bonheur. Il falloit qu'elle lui apprît les moyens que ſa ſageſſe avoit deſtinés pour rétablir ſon image dégradée, & réparer l'attentat qu'elle avoit commis contre ſon Auteur. Telle eſt auſſi la conduite que tint à notre égard la miséricorde infinie de notre Dieu. A peine l'homme est-il tombé & déchu de son premier état, que Dieu lui annonce un Libérateur qui doit le délivrer de l'esclavage où son infidélité l'a réduit. C'est lui qui rétablira entre Dieu & l'homme ce saint commerce qui vient d'être rompu, & qui le fera rentrer dans tous les droits dont il vient d'être dépouillé.

Cette grande promesse pouvoit être seule le motif de l'espérance d'Adam & de sa postérité. Aussi fut-elle confiée à ce Chef du genre humain, pour la faire passer, par une tradition non interrompue, jusqu'à ses descendans les plus reculés. Elle s'y conserva avec soin pendant un temps; mais bientôt les passions des hommes la firent tomber dans un oubli presque général. Elle fut comme ensévelie au milieu des crimes & des désordres dont la terre étoit inondée. Dieu, toujours attentif à sa promesse, la renouvella une seconde fois à Noé, le père du nouveau monde; & cependant la division des langues & l'idolatrie qui la suivit de près, en effacèrent le souvenir dans presque tous les Peuples. Elle étoit sur le point de périr, même au milieu de la famille de Sem, choisie pour en conserver le dépôt, si Dieu, toujours jaloux de la vérité de ses promesses, n'eût pris de nouveaux moyens pour en perpétuer la mémoire, & en assurer l'accomplissement.

Dieu choisit alors Abraham & sa famille, pour le rendre dépositaire de l'ancienne tradition, conserver par lui le véritable culte, l'ancienne croyance & la première Religion. C'est cet Abraham si célebre parmi les Orientaux.

taux. Les Hébreux ne ſont pas les ſeuls qui le regardent comme leur père. Les Iduméens ſe glorifient de la même origine. Les Arabes reconnoiſſent auſſi qu'ils deſcendent d'Abraham par ſon fils Iſmaël. Ils obſervent exactement la circonciſion, comme une preuve de cette origine. Ils l'ont toujours reçue, non comme les Juifs, au huitiéme jour, mais à l'âge de treize ans, temps auquel l'Ecriture nous apprend qu'elle fut donnée à leur pére Iſmaël : nous voyons encore la même coutume perſévérer parmi les Mahométans. Il feroit inutile de rapporter ici tout ce que les anciens nous ont dit d'Abraham : les Chaldéens & les Syriens ont écrit beaucoup de choſes de ce grand homme. Toutes ces preuves ſuffiſent pour montrer que ce n'eſt point ici un perſonnage controuvé, & ſon hiſtoire une fiction de l'imposture. Ce que nous dirons dans la suite, en établissant la vérité des Ecritures, démontrera encore mieux la vérité des traits qui caractérisent Abraham.

Ce fut à cet homme si célèbre que Dieu renouvella la promesse du Libérateur. Il promit à ce saint Patriarche, de bénir dans sa race toutes ces Nations aveuglées, qui avoient alors oublié leur Créateur. Par la vertu de ce germe précieux, elles seront un jour éclairées & ramenées à la connoissance de celui qui est l'unique source de toutes les bénédictions.

Jusques-là, Dieu n'avoit rien donné par écrit, qui pût servir de régle aux hommes. La circoncision & les cérémonies qui l'accompagnoient, étoient comme le contrat de l'alliance que Dieu avoit faite avec Abraham & sa postérité. Elle servoit à la distinguer des Peuples livrés à l'idolatrie, en la consacrant au culte du Dieu d'Abraham, d'Isaac & de Jacob : elle étoit un monument toujours visible & subsistant des promesses faites à ses pères.

Enfin les momens marqués dans les décrets de la divine Providence, arrivèrent. Dieu ne voulut point abandonner plus long temps à la mémoire des hommes, les mystères de la Religion & de son alliance. Il étoit temps d'opposer de plus fortes barrières à l'idolatrie, qui faisant chaque jour de nouveaux progrès, alloit bien-tôt étouffer les foibles restes des lumières naturelles. Depuis le temps d'Abraham, l'ignorance & l'aveuglement avoient pris de prodigieux accroissemens, & déja toutes les Nations étoient perverties. Moyse fut celui que Dieu appella pour ce grand ouvrage : par l'ordre & l'inſpiration de Dieu, il recueillit l'hiſtoire de la Religion dans tous les ſiécles paſſés, depuis Adam juſqu'au moment où il écrivoit. C'eſt dans ces Livres divins, que ſe trouve le plan & le deſſein de la Religion pour tous les temps.

Moyſe n'eut pas beſoin de grandes recherches pour raſſembler les traditions de ſes ancêtres : il naquit cent ans après la mort de Jacob. Les vieillards de ſon temps avoient pu converſer pluſieurs années avec ce ſaint Patriarche. La mémoire de Joſeph & des merveilles que Dieu avoit opérées par ce grand Miniſtre des Rois d'Egypte, étoit encore toute récente. La vie d'un petit nombre d'hommes remontoit juſqu'à l'origine des choſes. Lamech, qui avoit vu Adam, avoit auſſi vu Sem : Sem avoit au moins vu Abraham, & Abraham avoit vu Jacob, qui aussi avoit vu ceux qui ont vécu avec Moyse.

Cette longue vie des premiers hommes, consignée dans les Annales du Peuple de Dieu, n'a pas été inconnue aux autres peuples, & leurs anciennes traditions en ont aussi conservé le souvenir. On peut voir dans les Antiquités de Joseph, toutes les preuves qu'il en donne. C'étoit aussi un excellent moyen que la Providence avoit ménagé pour conserver la vérité parmi les hommes : car pourquoi ne sommes-nous pas ordinairement assez instruits des événemens arrivés chez nos ancêtres ? C'est qu'il est rare que nous ayons vécu avec eux, ou qu'ils sont souvent morts avant qu'on ait atteint l'âge de raison : au contraire, les premiers hommes vivant plusieurs siécles, leurs enfans conversoient long-temps avec eux. Par-là ils apprenoient aisément l'histoire de ceux qui les avoient précédés, & la faisoient ensuite passer par la même voie à leurs descendans. Ainsi lorsque Moyse écrivit ses Livres, la mémoire des choses qu'il raconte, devoit être encore toute récente parmi les Juifs. Aussi ce saint Législateur en parle-t-il comme de faits constans, dont on voyoit encore chez les peuples voisins, & sur-tout dans la terre de Chanaan, des monumens autentiques. Moyse doit donc être regardé comme un Historien contemporain, & son Histoire, comme la plus autentique qui soit au monde.

En effet, peut-on s'empêcher de sentir ici tous les traits de sincérité & de vérité qui caractérisent ce grand homme ? Un imposteur qui auroit voulu tromper tout un peuple, auroit-il tenu une pareille conduite ? auroit-il raconté des événemens dont tout le monde pouvoit être instruit ? Un homme aussi habile que Moyse, auroit pris des moyens pour qu'on ne pût le convaincre de fourberie : il eût cherché à s'envelopper dans une multitude de générations, qui pouvoient aisément dérober la connoissance du vrai. Mais par la manière dont il s'y prend, il n'est pas possible, s'il a dessein de tromper, que ses mensonges ne soient découverts. Vous nous rapportez, auroient dit les Juifs, des choses dont nous n'avons aucune connoissance, dont nous n'avons jamais entendu parler. Cependant, si tous ces faits étoient vrais, nous devrions en être instruits par le petit nombre de générations que vous comptez depuis leur accomplissement : nous devrions presque toucher à ces grands événemens, ils devroient être parmi nous d'une notoriété publique : il faut donc que vous soyez un fourbe, qui ne cherche qu'à nous en imposer.

Tout ce que Moyse a écrit, s'accorde aussi admirablement avec ce que les plus anciens & les plus habiles Historiens des autres Peuples nous ont rapporté. On peut lire dans Joseph cette multitude de témoignages des Auteurs Egyptiens, Chaldéens, Phéniciens & Grecs, qu'il cite contre Apion pour prouver l'antiquité de sa Nation, & pour confondre les fables ridicules & les calomnies grossières que cet Ecrivain avoit répandues contre les Juifs. Si nous consultons les traditions des differens peuples, nous y verrons, malgré les fables qu'ils y ont mêlées, le fond des grandes vérités renfermées dans les Ecrits de Moyse.

En effet tous les peuples qui nous

ont laiſſé quelques monumens, ont eu l'idée de la création du monde; d'abord informe, & réduite après à l'état où nous le voyons. Ils ont tous fait mention d'un premier âge où les hommes, pour prix de leur innocence, vivoient dans une paix profonde, & jouiſſoient d'un bonheur parfait. Ils ont auſſi parlé d'un autre âge, où le crime avoit précipité les hommes du faîte du bonheur dans un abîme de misères. Le déluge univerſel, l'arche qui ſauva de ſes eaux un petit nombre d'hommes, n'ont pas été ignorés des peuples. Leur tradition nous apprend que le monde a été repeuplé par un ſeul homme, conſervé au milieu du naufrage du genre-humain. Ils ont connu ſes trois fils, & le partage qu'ils firent entr'eux de l'empire de l'Univers. Rien n'eſt plus ſouvent répété dans les anciens monumens que l'audacieux attentat de ces hommes téméraires, qui entreprirent un édifice d'une hauteur extraordinaire, pour se mettre désormais à couvert des vengeances du Ciel. Ils nous représentent encore l'orgueil de ces hommes confondus, & forcés d'abandonner l'entreprise qu'ils méditoient.

Tous ces points ont toujours été universellement reçus parmi les hommes par une tradition constante & uniforme. Il est vrai que, par le laps des temps, les hommes y ont mêlé quantité de fables qui les ont défigurés : mais à travers ces nuages & ces voiles, la vérité perça assez pour se faire reconnoître. Ainsi le concert de tous les peuples, à qui cependant les Ecritures ont été inconnues, démontre clairement la vérité de ces mêmes Ecritures dans ce qu'elles contiennent de plus ancien & de plus étonnant ; car n'est-il pas évident que des traditions si universelles, subsistantes parmi toutes les Nations, malgré la distance des lieux & des temps, malgré la diversité des mœurs & des langues, n'ont pu avoir d'autre fondement, que des vérités clairement certaines & généralement connues ?

Je pourrois entasser ici une multitude de preuves de tout genre & de toute espèce, pour démontrer la certitude & la divinité des Livres saints (*a*).

(*a*) » Quelle force de témoignage, dit un Auteur » judicieux, en faveur de la vérité de ces Livres ! » La conduite du Peuple Hébreux, seul exempt de » l'idolatrie ; ce concert des Samaritains & des Juifs » qui, malgré leur antipathie déclarée, ont con- » servé, les uns & les autres, le Pentateuque sous » la même forme ; les Histoires anciennes qui font » mention de Moyse, ou dont la narration con- » firme plusieurs des faits que celui-ci rapporte ; » les caractères de sincérité qui s'annoncent dans » cet Ouvrage ; les monumens, les fêtes, les céré- » monies qui ont consacré à la postérité certains » événemens du temps de Moyse ; les miracles du » Législateur, non moins avérés qu'éclatans : tout » cela ne laisse plus de doute aux amateurs de la » vérité «.

Mais l'objet que je me suis proposé, ne me permet pas une si longue digression : je me bornerai uniquement à ce qu'exigent les objections de Rousseau. Voici comment il parle de la révélation :

» A l'égard de la révélation, si j'étois meilleur raisonneur, ou mieux » instruit (b), peut-être sentirois-je » sa vérité, son utilité pour ceux qui » ont le bonheur de la reconnoître ; » mais si je vois en sa faveur des » preuves que je ne puis combattre, » je vois aussi contre elle des obje» ctions que je ne puis résoudre. Il y a » tant de raisons solides pour & con» tre, que ne sçachant à quoi me dé» terminer, je ne l'admets ni ne la » rejette ; je rejette seulement l'obli» gation de la reconnoître, parce que » cette obligation prétendue est in-

(b) *Tom. III, pag.* 178.

» compatible avec la justice de Dieu ; » & que loin de lever par-là les ob- » stacles au salut, il les eût multi- » pliés, il les eût rendus insurmonta- » bles pour la plus grande partie du » genre-humain. A cela près, je reste » sur ce point dans un doute respe- » ctueux «. C'est avec raison, que Rousseau convient que s'il étoit meilleur raisonneur ou mieux instruit, il sentiroit la vérité de la révélation, & son utilité pour ceux qui ont le bonheur de la reconnoître. Mais quoi ! faut-il donc être un si grand raisonneur pour appercevoir des vérités si palpables & si évidentes ? Rousseau avoue qu'il voit, en faveur de la révélation, des preuves qu'il ne peut combattre. Qu'il faut donc qu'elles soient fortes & décisives, pour être à l'abri des traits d'un Incrédule, armé pour combattre ce qu'il y a de plus certain parmi les hommes, & toujours prêt à contester les faits même scellés d'un consentement universel!

Mais qu'est-ce donc qui l'empêche de se rendre, & d'admettre la révélation? Il voit, nous dit-il, contre elle des objections qu'il ne peut résoudre. Je le veux. Sera-ce donc une raison pour lui refuser sa soumission? Où en serions-nous, s'il falloit n'admettre que les points dont chacun peut résoudre les difficultés? Avec un pareil principe, qu'y auroit-il de certain dans le monde? Les choses dont on doute le moins, sont sujettes à des difficultés insurmontables : l'Univers entier, dont l'existence ne pourroit être contestée que par des hommes absolument sans raison, nous présente dans ses différentes parties, un amas de difficultés indissolubles.

Et où l'esprit de l'homme n'en trouve-t-il pas? Dans l'ordre physique comme dans l'ordre moral, l'homme se trouve arrêté, & est obligé de reconnoître les bornes étroites de son intelligence. Nous voyons aussi que dans toutes les sciences, dès que les vérités qu'on y traite sont une fois démontrées par des preuves suffisantes, on ne se met plus en peine des objections, quelque fortes qu'elles puissent être. On n'en demeure pas moins attaché à la vérité démontrée, quoiqu'on ne puisse satisfaire à toutes les objections : autrement on ne tiendroit plus à rien, & les hommes seroient chaque jour obligés de renoncer aux vérités les mieux établies. Pour détruire des vérités solidement démontrées, il ne suffit pas de former contre elle des objections qu'on ne puisse résoudre; mais il faut combattre directement les preuves qui les garantissent, sans quoi la force & la solidité de ces preuves suffisent elles-mêmes pour montrer l'inutilité & la foiblesse de toutes les objections.

Rousseau aura-t-il toujours l'injustice d'abandonner & de combattre, quand il s'agit de la Religion Chrétienne, les principes qu'il a d'abord adoptés & suivis ? N'admet-il pas, dans sa profession de foi, plusieurs points qui souffrent des difficultés, qu'il n'oseroit se flatter de pouvoir résoudre ? La spiritualité de l'ame, qu'il soutient contre les Matérialistes, combien d'objections n'a-t-elle pas à essuyer ? & la seule raison de Rousseau est-elle capable de les résoudre toutes ? Mais, pour mieux juger de son aveugle partialité, écoutons-le s'expliquer lui-même : » Repassant dans

» dans mon esprit (a) les diverses opi-
» nions qui m'avoient tour à tour en-
» traîné depuis ma naissance......
» comparant entr'elles toutes ces dif-
» férentes idées dans le silence des
» préjugés, je trouvai que la premiè-
» re & la plus commune étoit aussi
» la plus simple & la plus raisonna-
» ble; & qu'il ne lui manquoit, pour
» réunir tous les suffrages, que d'a-
» voir été proposée la dernière. Ima-
» ginez tous vos Philosophes anciens
» & modernes, ayant d'abord épuisé
» leur bisarre systême de force, de
» chance, de fatalité, de nécessité,
» d'atômes, de monde animé, de
» matière vivante, de matérialis-
» me de toute espèce; & après
» eux tous, l'illustre Clarke, éclai-
» rant le monde, annonçant enfin
» l'Etre des êtres & le dispensateur

(a) *Tom. III. pag. 31 & suiv.*

» des choses. Avec quelle universelle » admiration, avec quel applaudisse- » ment unanime n'eût point été reçu » ce nouveau systême, si grand, si » consolant, si sublime, si propre à » élever l'ame, à donner une base à » la vertu, & en même-temps si » frappant, si lumineux, si simple, » & ce me semble, offrant moins de » choses incompréhensibles à l'esprit » humain, qu'il n'en trouve d'absur- » de en tout autre systême. JE ME DI- » SOIS : LES OBJECTIONS INSOLUBLES » SONT COMMUNES A TOUS, PARCE » QUE L'ESPRIT DE L'HOMME EST TROP » BORNÉ POUR LES RÉSOUDRE, ELLES » NE PROUVENT DONC CONTRE AU- » CUN PAR PRÉFÉRENCE ; MAIS QUEL- » LE DIFFÉRENCE ENTRE LES PREU- » VES DIRECTES « ! Après avoir établi un principe si juste & si lumineux, comment oser encore alléguer contre la révélation, le vain prétexte des objections qu'on ne peut résoudre? Elles sont communes à tous, dit fort bien Rousseau, parce que l'esprit de l'homme est trop borné pour les résoudre; elles ne prouvent donc contre aucun par préférence. Pour être obligé de se soumettre à la révélation, il suffit donc de voir en sa faveur des preuves qu'on ne puisse combattre; & Rousseau convient que les siennes sont de cette nature.

Le portrait que Rousseau vient de tracer, est exactement celui de la Religion Chrétienne. Qu'on imagine tous ces Philosophes anciens & modernes avec tous leurs bisarres systêmes, & après eux, non l'illustre Clarke, mais la Religion Chrétienne, d'où il a puisé ces beaux sentimens, & dont il a pris la défense par ses Ecrits; qu'on considere cette Religion, éclairant le monde, annonçant l'Etre des êtres & le dispensateur des choses, montrant aux hommes leur état, la fin si grande & si noble à laquelle ils sont destinés, & les moyens sûrs pour y parvenir; avec quelle universelle admiration, avec quel applaudissement unanime ne doit point être reçu un systême si grand, si consolant, si sublime, si propre à élever l'ame, à donner une base à la vertu, & en même-temps si frappant, si lumineux, si simple, & offrant moins de choses incompréhensibles à l'esprit humain, qu'il n'en trouve d'absurdes en tout autre systême! Si l'on peut former des objections contre elle, en faut-il être étonné? Elles sont communes à tous. Mais quelle différence entre les preuves directes des uns & des autres! Les preuves de la Religion Chrétienne sont portées au dernier dégré d'évidence. C'est une multitude de faits, tous marqués au coin d'un surnaturel incontestable ; une longue suite & une tradition toujours constante de témoins irréprochables, de témoins qui méritant à tous égards une entière créance, démontrent l'autenticité & la vérité de tous ces faits ; que trouvera-t-on de semblable partout ailleurs ? Que ceux qui prétendent disputer avec la Religion Chrétienne, paroissent ; qu'ils présentent tous leurs titres, nous verrons que, par le plus étonnant contraste qui fût jamais, ils ne serviront qu'à relever l'éclat & la lumière de ses preuves. Tandis que les autres n'ont que des fables à nous conter, que des systêmes qui déshonorent & avilissent l'humanité ; la Religion Chrétienne nous offre la doctrine la plus pure, la morale la plus élevée, la plus analogue à nos besoins, & la plus consolante.

Comment Rousseau peut-il nous dire qu'il *y a tant de raisons pour & contre la révélation, que ne sçachant à quoi se déterminer, il ne l'admet ni ne la rejette?* Plaisante Logique! Y a-t-il rien de solide, que ce qui est juste & vrai? Et le vrai peut-il jamais être opposé au vrai? Ainsi, dire qu'il y a des raisons solides pour & contre, c'est avancer que la vérité est le pour & le contre, qu'elle est aux prises avec elle-même, qu'elle fournit des armes à son adversaire pour agir & combattre contre elle. Puis donc que Rousseau est forcé de convenir, que la révélation est appuyée de raisons solides, de preuves qu'il ne peut combattre, qu'il reconnoisse, comme une conséquence nécessaire de ses aveux, qu'il ne peut y avoir contre la révélation, de raisons réellement solides. Il peut y en avoir qui paroissent telles ; mais dès que nous sommes assurés que la révélation a pour elle des raisons solides, nous ne devons plus douter que toutes les raisons qu'on peut apporter contre elle, ne sauroient avoir qu'une solidité spécieuse, apparente, & relative aux dispositions qui nous affectent.

Mais je ne dois pas laisser passer une distinction de Rousseau aussi fausse que bisarre, qu'il fait dans le passage que nous venons de citer. »Je rejette seulement, a-t-il dit, l'obligation de la » reconnoître (la révélation), parce » que cette obligation prétendue est » incompatible avec la justice de Dieu; » & que loin de lever par-là les ob- » stacles au salut, il les eût multi- » pliés, il les eût rendu insurmon- » tables pour la plus grande partie du » genre-humain «. Quoi donc! si la révélation est établie par des preuves qu'on ne puisse combattre, si sa divinité est clairement démontrée, ce ne sera pas une obligation pour les hommes de la reconnoître? A-t-on jamais avancé un paradoxe aussi étrange? Quel autre que Rousseau seroit capable d'un pareil blasphême? Quoi! Dieu parlera aux hommes, il leur fera connoître ses volontés, il leur intimera ses ordres, il emploiera, pour les persuader que c'est lui qui parle, tout l'appareil de sa majesté; & les hommes ne seront point obligés de le reconnoître, d'obéir & de se soumettre à sa voix? Comment traiteroit-on dans l'ordre civil, un homme qui oseroit soutenir qu'un Sujet n'est pas tenu de déférer aux loix de l'Etat, ou aux ordres du Souverain, lorsqu'elles sont une fois bien constatées? Mais quelle différence encore entre un homme qui parle, & un Dieu dont les volontés toujours justes, toujours saintes, ne peuvent permettre le moindre délai dans la soumission !

Rousseau ne nous dit pas sur quel fondement il croit pouvoir assurer que l'obligation dont il s'agit ici, est incompatible avec la justice de Dieu. Pense-t-il donc qu'il n'a qu'à juger, prononcer & décider, pour qu'on le croie sur sa parole, lui qui conteste à Dieu même le droit de se faire croire sur la sienne ? Mais qu'il s'en faut que l'obligation de reconnoître la révélation, soit incompatible avec la justice de Dieu ! C'est cette justice même qui impose ce devoir à l'homme; & parce que Dieu est juste & amateur de l'ordre, il ne peut dispenser sa créature de cette obligation. Si Dieu parle aux hommes, s'il se manifeste à eux par la révélation, c'est pour leur avantage : ce don & ce bienfait exigent un tribut d'amour & de reconnoissance : comment le lui rendra-t-on, si on n'est pas obligé de recevoir ce qu'il daigne nous apprendre ? Cette soumission est le premier pas & le premier témoignage de la reconnoissance pour un Dieu qui nous parle. Nous avons démontré à Rousseau la nécessité d'une révélation ; il y a donc une obligation pour l'homme de la reconnoître, puisque, comme nous l'avons prouvé, ce n'est que par cette voie qu'il peut apprendre les vérités essentielles à son salut.

Rousseau ne fait-il pas pitié, quand il vient nous dire fort sérieusement, que par la révélation & l'obligation de s'y soumettre, Dieu, loin de lever les obstacles au salut, les eût multipliés, les eût rendu insurmontables pour la plus grande partie du genre-humain ? Quelle extravagance ! quelle rêverie ! la révélation multiplier les obſtacles au ſalut ! C'eſt elle, comme nous l'avons déja fait voir, qui eſt venue applanir aux hommes les voies qui y conduiſent. Errans çà & là, ſans pouvoir trouver aucune iſſue, la révélation a pris les hommes comme par la main, pour les tirer de ces labyrinthes d'erreurs où ils s'étoient perdus ; elle les a fait entrer dans les ſentiers de la juſtice & de la vérité dont il s'étoient ſi fort écartés ; elle ne ceſſe de les éclairer & de les diriger, juſqu'à ce qu'elle les ait mis en ſûreté dans le port. Avant qu'elle parût, c'étoit alors que les obſtacles étoient multipliés & vraiment inſurmontables, même aux plus grands eſprits. Que devoit-ce être pour le reſte du genre-humain ? Mais depuis qu'elle a été manifeſtée aux hommes, les plus ſimples ſe trouvent inſtruits des plus grandes vérités ſans peine, ſans travail & ſans efforts. Tous n'ont plus qu'à ſuivre la route qui leur eſt montrée pour arriver ſûrement au ſalut. Il eſt vrai que ſi, pour connoître la vérité de la révélation, il falloit prendre tous les moyens que Rouſſeau exige & preſcrit, alors l'obligation de la recevoir, loin de lever les obſtacles au ſalut, les multiplieroit au contraire, & les rendroit inſurmontables pour la plus grande partie du genre-humain. Mais nous prouverons bien-tôt à Rouſſeau, qu'il ne cherche qu'à effrayer ſes Lecteurs, en entaſſant des difficultés qui paroiſſent invincibles; mais qui s'évanouiſſent ſans peine, dès qu'on les examine à la lumière d'une droite & ſaine raiſon.

Nous lui ferons voir que les preuves de la révélation ſont ſi ſimples, ſi claires, ſi ſenſibles, qu'elles ſont à la portée des eſprits les plus communs. Il ſentira qu'il faut plus de bonne-foi & de ſincérité, que de travail & d'application, pour en découvrir la vérité.

En attendant, remarquons la déclaration que nous fait Rouſſeau dans l'endroit déja cité. Il proteſte reſter ſur le point de la révélation, dans un doute reſpectueux; nous allons bientôt voir comment il vérifie le principe qu'il a avancé plus haut.

» Comment, dit-il, peut-on être » Sceptique par ſyſtême & de bonne- » foi (*a*)? Je ne ſçaurois le compren- » dre. Ces Philoſophes, ou n'exiſtent » pas, ou ſont les plus malheureux » des hommes. Le doute ſur les cho- » ſes qu'il nous importe de connoî-

(*a*) *Tom. III*, *p.* 26.

» tre, eſt un état trop violent pour » l'eſprit humain ; il n'y réſiſte pas » long-temps, il ſe décide malgré lui » de manière ou d'autre ; & il aime » mieux ſe tromper, que ne rien croi- » re «. Auſſi le prétendu doute reſpectueux de Rouſſeau, n'eſt-il qu'un voile pour mieux couvrir les menſonges, les impiétés, les blaſphêmes qu'il a deſſein de vomir contre la révélation. Il ne veut paroître douter, que pour combattre plus ſûrement ; il ne feint de reſpecter, que pour mieux déguiſer ſes attentats ſacriléges. On en ſera bien-tôt convaincu.

Rouſſeau reconnoît qu'il voit en faveur de la révélation, des preuves qu'il ne peut combattre ; & il n'y a pas de moyens, il n'eſt pas d'effort qu'il n'emploie pour les détruire juſques dans les fondemens. Comme il n'ignore pas que les miracles & les prophéties sont les principaux titres de la révélation, il se sert de tout l'artifice dont il est capable, pour en infirmer l'autorité; il met en œuvre tous les sophismes qui lui sont ordinaires, pour en affoiblir la force & en diminuer l'impression. Il a bien senti qu'il étoit difficile de nier l'existence de toutes ces choses : mais pour y réussir, rien n'est sacré pour lui; il franchit toutes les barrières, il n'épargne pas même les principes de la certitude humaine. Lui démontre-t-on la révélation par les prodiges faits pour la confirmer? » Des prodiges, » des miracles (*a*), s'écrie-t-il! je n'ai » jamais rien vu de tout cela (*b*). Et » qui a vu ces prodiges? Des hommes » qui les attestent. Quoi, toujours des » témoignages humains? toujours des

(*a*) *Tom. III. pag.* 155.
(*b*) *Ibid. p.* 141.

» hommes qui me rapportent ce que » d'autres hommes ont rapporté? « Rousseau n'a pas vu de miracles! Hé quoi ne les voit-il pas tous les jours dans les effets qu'ils ont produits? Comment l'Univers, s'il n'avoit vu des miracles, auroit-il cru des choses si incroyables en apparence? Qui a pu faire un si grand changement dans le monde, renverser les idoles, détruire l'idolatrie, porter tant de peuples & de grands hommes à embrasser la Religion Chrétienne, engager tant de Martyrs à donner leur vie pour elle, si ce n'est la force & l'éclat de ses miracles? Jamais les Nations n'auroient pu croire en si peu de temps, ce qu'une petite poignée d'hommes, sans art, sans science & sans crédit, venoient leur proposer au milieu de tant de contradictions, si l'autorité des signes & des prodiges n'avoient comme arraché

arraché leur consentement, en les faisant triompher de tous les obstacles. Tout sent, tout crie le miracle dans la Religion Chrétienne, comme nous l'avons déja prouvé; & l'Incrédule vient encore nous dire: Je n'en ai point vu. Qu'il ôte le bandeau que ses passions, ses préjugés, son entêtement lui ont mis sur les yeux, & il sera étonné de n'avoir pas vu la lumière qui l'environnoit de toutes parts. Mais il faut suivre l'Incrédule dans tous ses retranchemens. Je veux qu'il n'ait vu aucun des miracles, des prodiges, des faits surnaturels, dont la Religion Chrétienne s'autorise. Ne faudra-t-il donc croire que ce que nous aurons vu de nos propres yeux? Ceux que la nature en a privés, selon cet extravagant systême ne doivent donc rien croire de tout ce qui se passe autour d'eux? Notre esprit est invisible pat sa nature, ses sentimens & ses dispositions ne tombent pas plus sous les sens ; & cependant avec quelle fermeté tous les hommes sensés ne croient-ils pas la réalité & l'existence de toutes ces choses ? Comment ne croire que ce que nos yeux nous rapportent, puisque nous ne doutons jamais si nous croyons ou non, quoique nos yeux ne puissent l'appercevoir ?

Si les principes de Rousseau sont vrais, il ne doit plus y avoir d'amitié dans le monde : car qui est-ce qui voit de ses yeux l'affection & la bonne volonté de son ami ? Comment s'appliquera-t-on à payer d'un sincère retour sa bienveillance, puisque nos yeux ne l'appercevant pas, on ne pourra en être persuadé ? Dira-t-on que l'on voit & que l'on connoît l'affection d'un ami par les œuvres qu'elle produit ? Mais ce ne sont-là que les signes de l'amitié, souvent fort équivoques, & non l'amitié même. Si on enléve cette foi des choses humaines, qui ne sent le trouble & l'horrible confusion qui en résulteront? Que restera-t-il d'intact & de sacré dans la société civile, si nous ne voulons croire que ce que nous aurons vu? Qui est-ce qui s'aimera d'une charité mutuelle, puisqu'on n'aime qu'autant qu'on croit être aimé? Ainsi l'amitié périra parmi les hommes, & dès-lors ces liens doux & sacrés du mariage & de la proximité du sang se trouveront rompus & anéantis. Ni l'époux ni l'épouse ne pourront plus s'aimer mutuellement; ils ne pourront désirer d'avoir des enfans, parce qu'ils ne croiront pas qu'ils leur rendent un jour ce qu'ils leur devront. Ces enfans, s'ils en ont, arrivés à l'âge de raison, aimeront-ils leurs parens, puisqu'ils ne verront pas l'amitié que ceux-ci peuvent avoir pour eux ? Comment même se persuaderoient-ils que ce sont leurs parens & ceux de qui ils tiennent la naissance ? Ils ne l'ont pas vu, ils n'ont pu connoître par aucun usage de leurs sens, le moment de leur origine ; ils ne peuvent le sçavoir que sur le rapport d'autrui : cependant, sur l'autorité de ceux qui ont assisté à leur naissance, les hommes croient sans hésiter & avec fondement qu'ils ont eu pour pères & mères ceux qu'on leur a désignés. Si on agissoit autrement, dans quel affreux désordre le monde ne se verroit-il pas plongé ? La piété, ce lien précieux du genre-humain, seroit ouvertement violée, elle dégénereroit en un mépris déclaré & une impiété sacrilége. Voilà où conduiroit le criminel systême de l'incrédulité.

Avec de pareils principes, quelle justice pourroit-on rendre aux hommes? Comment pourroit-on réprimer les crimes & les désordres? Dans quel cahos d'incertitudes les Juges & les Magistrats ne tomberoient-ils pas? Pour juger, il faut croire; pour croire, selon Rousseau, il faut avoir vu; & cependant les Juges n'ont presque jamais été témoins des affaires sur lesquelles ils prononcent.

D'où viennent les distinctions des familles? Sur quoi sont établis leurs noms, leur antiquité, leur noblesse? N'est-ce pas sur une suite de faits que personne de nous n'a vu passer sous ses yeux, mais qui sont consignés dans des monumens autentiques qui nous ont été transmis de main en main? Si quelqu'un osoit contester tous ces faits & ces monumens, parce qu'il n'en a pas été témoin oculaire, comment le traiteroit-on ? quel égard auroit-on à ſes frivoles objections ? Ne paſſeroit il pas à juſte titre pour un inſenſé, qui veut mettre par-tout le trouble & la confuſion ?

Il en eſt de même de la poſſeſſion des terres, des biens & des revenus dont les hommes jouiſſent. Elle eſt fondée ſur des titres, dont ſouvent perſonne de ceux qui exiſtent n'a vu l'origine & l'érection. C'eſt ſur ces titres que les hommes jugent & décident des droits des particuliers : ne ſeroit-ce pas un bel argument, pour s'en débarraſſer & les anéantir, que de prétendre qu'on n'a point vu paſſer ces titres, ces actes & ces contrats ? Ce ſeroit, il faut l'avouer, un excellent moyen pour ſe liquider des obligations que nos ancêtres ont pu contracter ?

Qu'on admette ce ſyſtême, les Rois

mêmes seront-ils en sûreté sur leurs Thrônes ? C'est sur une suite non interrompue de témoignages humains, que leur régne est établi & affermi. Nous ne sçavons l'érection de la Monarchie dans un Royaume, que par les faits que l'histoire nous en apprend. Tous ceux qui ont vécu moins d'un siécle après, n'ont rien vu de ce qui s'est passé alors ; & nous, qui vivons aujourd'hui, nous ne connoissons la forme du gouvernement que par les anciens monumens, & la tradition de nos pères venue de siécle en siécle jusqu'à nous. Si donc Rousseau a raison de ne rien croire que ce qu'il aura vu, nous avons tort de reconnoître pour Souverains, ceux qui ont une origine trop ancienne pour que nous puissions en avoir été témoins ; & désormais les hommes ne devront plus regarder comme leurs

Rois, leurs Maîtres & leurs Chefs; que ceux à qui ils auront vu déférer ces qualités, ces droits & ces prérogatives. Tous ces hommes qui entreprennent de si longs & de si pénibles voyages, pour aller dans des lieux qu'ils n'ont jamais vus, sont au jugement de Rousseau, des fous & des téméraires, parce qu'ils croient sans hésiter, sur le témoignage d'autrui, l'existence de ce qu'ils n'ont pas vu.

Enfin, pour abréger, que Rousseau nous dise sur quel fondement on croit dans le monde, qu'il y a eu une République Romaine, une Ville de Carthage, un Scipion, un Annibal, un César, un Pompée, & quantité d'autres faits que personne de nos jours n'a pu voir? Qui est-ce qui a pu persuader les hommes de tant de siècles, qu'il y a eu autrefois un Hypocrate, un Platon, un Aristote, un Cicéron,

& que ces hommes célébres ſont auteurs des Livres qui portent leurs noms? N'eſt-ce pas parce que les Hiſtoriens de ces temps-là ont parlé de ces grands hommes, ont fait mention de leurs Ecrits, & que ce ſentiment toujours uniforme depuis eux juſqu'à nous, s'eſt confirmé de plus en plus par l'opinion commune de tous les hommes qui ſe ſont ſuccédés, & le conſentement de tous les ſiécles? Tous les hommes demeurent d'accord de ces principes; le doute ſur ces points paſſeroit pour une vraie folie; on ſe moqueroit d'un homme qui voudroit conteſter des faits auſſi certains; & pour toute réponſe, on ne lui témoigneroit qu'un ſouverain mépris: *Unde ſi quis hoc neget, nec ſaltem refellitur, ſed ridetur.* Auguſtinus.

Mais je me trompe. Rouſſeau, ce Sçavant ſi grave, ſi judicieux, ſi bon critique, va nous apprendre que les hommes n'y ont rien entendu jusqu'ici, & qu'ils n'ont fait que s'égarer dans de vaines recherches.

» Les anciens Historiens, nous dit-» il (*a*), sont remplis de vues dont » on pourroit faire usage, quand mê-» me les faits qui les présentent se-» roient faux : mais nous ne sçavons » tirer aucun vrai parti de l'histoire, » la critique d'érudition absorbe tout, » comme s'il importoit beaucoup » qu'un fait fût vrai, pourvu qu'on en » pût tirer une instruction utile. LES » HOMMES SENSÉS DOIVENT REGAR-» DER L'HISTOIRE COMME UN TISSU » DE FABLES, DONT LA MORALE EST » TRÈS-APPROPRIÉE AU CŒUR HU-» MAIN «. On voit d'abord ici le dépit secret que notre incrédule a conçu contre l'examen d'une saine critique ;

(*a*) *Tom. I, p.* 440 *note.*

ce n'eſt qu'avec un noir chagrin qu'il voit qu'on s'applique à démêler le vrai d'avec le faux, qu'on travaille à fournir aux hommes des moyens ſûrs pour juger des événemens paſſés, & qu'on leur préſente des lumières pures pour le réglement de leur conduite. Tel eſt le plan de l'incrédulité ; elle ne cherche qu'à tout confondre pour ſe mieux envelopper ; elle ne s'occupe qu'à répandre des nuages & des ténébres ſur ce qu'il y a de plus certain & de plus aſſuré. Voilà les moyens dont elle a beſoin pour ſe ſoutenir & s'accréditer ; elle craint le grand jour ; la lumière feroit trop ſentir ſes vices & ſa difformité.

Mais qui pourra pardonner à Rouſſeau, d'avoir voulu ébranler & renverſer d'un ſeul trait de plume tous les fondemens de la ſociété civile ? *Les hommes ſenſés doivent regarder l'hi-*

ſtoire comme un tiſſu de fables ? Quel eſt au contraire l'homme ſenſé, qui pourra lire ou entendre un pareil paradoxe, ſans être juſtement indigné ? Sans doute, que Rouſſeau ſe regarde comme le modèle des hommes ſenſés, & qu'il juge d'eux par lui-même. Mais quel homme ſenſé ! oui, ſi nous n'avions que des hiſtoires ſemblables à celles que les Incrédules de nos jours ont fabriquées, c'eſt alors que les gens ſenſés devroient les regarder comme un tiſſu de fables. Mais que les autres ſont bien différentes ! Dictées par l'amour & l'eſprit du vrai, recueillies à ſa lumière ; c'eſt ce même amour du vrai qui leur a concilié les ſuffrages de tous les temps, qui les a conſervées & tranſmiſes juſqu'à nous.

Qui ne ſera frappé ici de l'aveuglement & de l'obſtination de nos Incrédules ? Trouvent-ils dans les événemens passés quelque fait isolé dont ils espèrent tirer avantage ? Ils le citent avec leur emphase ordinaire, ils le manient de toutes les façons, ils le tournent dans toutes ses faces pour en exprimer toute la force qu'ils en attendent. Leur répond - on par des faits de toute espèce ? Les mieux constatés ne sont plus alors que des contes faits à plaisirs, que des tissus de fables.

Quelle idée prétend-on nous donner de tous ceux qui nous ont précédés, & qui ont pris tant de soin de nous faire passer les événemens de leurs siécles ? On nous traduit tous ces hommes si amateurs du vrai, si attentifs à le recueillir, si exacts à le rapporter, comme autant d'imposteurs, de gens sans foi, sans pudeur, qui nous ont débité des tissus de fables comme les plus grandes vérités. Qu'on juge de l'incrédulité par les principes si révoltans qu'elle est obligée d'avancer pour se maintenir. De pareilles folies, des extravagances si inouies, ne devroient-elles pas soulever tous les esprits sensés contre elle, la couvrir d'une confusion éternelle, & la faire rentrer à jamais dans ces antres de ténébres où elle a pris naissance?

O l'étrange absurdité! quoi! on pourra dire dans deux cents ans, que tous ceux qui vivent aujourd'hui, que tous ceux qui écrivent, sont des personnage supposés; que Rousseau & ses Ecrits ne sont qu'une fable? On pourra soutenir alors que tous les Rois qui régnent à présent, n'ont jamais régné; que toutes les Monarchies que nous voyons, n'ont jamais subsisté; en un mot, que tout ce qui se passe de nos jours de plus éclatant, de plus remarquable & de plus certain, n'eſt qu'un menſonge adroitement controuvé, ou un tiſſu de fables ? Dans deux cents ans les hommes ne ſçauront ce qui ſe fait de notre temps, que par le récit des Hiſtoriens & la tradition de ceux qui les auront précédés. S'il nous eſt permis de mépriſer & de rejetter l'autorité que les Hiſtoriens des ſiécles derniers ont acquiſe; ceux qui nous ſuccéderont, n'auront-ils pas le même droit de ne rien croire de tout ce que les Hiſtoriens de notre ſiécle leur rapporteront ?

Voilà où conduit le renverſement de tous les principes de la certitude humaine. Tout tombe dans un cahos impénétrable, tous les liens de la ſociété ſont détruits & briſés, les ſciences-pratiques, celles qui ſont d'un plus grand uſage ; l'hiſtoire, la politique, l'œconomie, la Géographie, la Marine, la Physique, l'Astronomie, la Médecine, la Jurisprudence ne sont plus qu'un amas confus de fables, de vaines opinions, d'illusions imaginaires. O que la révélation est solidement établie, puisqu'on ne peut la combattre, sans ébranler du même coup les fondemens de la société civile!

Que l'aveuglement de l'Incrédule est prodigieux! que ses égaremens sont effroyables! Quand une fois on a fermé les yeux à la lumière de la vérité, dans quel abîme ne se précipite-t-on pas! on ne respecte plus rien, on cherche à tout renverser pour couvrir ses premiers égaremens, & on accumule ainsi folie sur folie, extravagance sur extravagance.

Rousseau n'avoit-il pas eu bien raison de nous dire au commencement de de son Ouvrage : » On croira moins » lire un traité d'éducation (*a*), que » les rêveries d'un visionnaire ? « Et dans un autre endroit : » On rêve, » nous dit-il (*b*), & on nous donne » gravement pour de la Philosophie, » les rêves de quelques mauvaises » nuits. On me dira que je rêve aussi, » j'en conviens ; mais ce que les au- » tres n'ont garde de faire, je donne » mes rêves pour des rêves, laissant » chercher aux Lecteurs s'ils ont » quelque chose d'utile aux gens éveil- » lés «. Si Rousseau étoit bien persua- dé qu'il ne nous débite que des rêves, qu'étoit-il nécessaire qu'il les rendît publics ? Le monde a-t-il donc besoin d'être instruit des rêves de ses mau- vaises nuits ? Des rêves dans un trai- té d'éducation, dans un traité de Re-

(*a*) *Pag. 4 de la Préface.*
(*b*) *Tom. III, p. 272. Note.*

ligion ! Mais s'il ne dépendoit pas de Rousseau d'avoir de pareils rêves, ne dépendoit-il pas au moins de lui d'en sentir le ridicule & la folie ? » Je ne » vois pas comme les autres hom- » mes (*a*), continue-t-il : il y a long- » temps qu'on me l'a reproché. Mais » dépend-il de moi de me donner » d'autres yeux, & de m'affecter d'au- » tres idées ? Non ; il dépend de moi » de ne point abonder dans mon sens, » de ne point croire être seul plus » sage que tout le monde, il dé- » pend de moi, non de changer de » sentiment, mais de me défier du » mien : voilà tout ce que je puis fai- » re & ce que je fais «. C'est pour se jouer de la crédulité des hommes, que Rousseau affecte un langage qui a quelque apparence de modestie. Quoi ! il ne dépend pas de Rousseau

(*a*) *Préface, p. 4.*

d'avoir les idées les plus ſimples du ſens commun ? il ne dépend pas de lui de penſer comme les hommes de tous les ſiécles ? Eſt-ce donc ne pas abonder en ſon ſens, & ſe défier de ſon ſentiment, que de prétendre détruire par ſa ſeule autorité, ce que les hommes ont toujours regardé comme le plus certain ? Ne faut-il pas enfin ſe croire plus ſage que tout le monde, pour oſer attaquer par des rêves d'une imagination creuſe, les idées, les ſentimens & les principes les plus conſtamment reçus parmi les Sages de tous les temps ? Rouſſeau eſt-il pardonnable dans ſon entrepriſe ? » Les maximes ſur leſquelles il eſt » d'un avis contraire à celui des au» tres (a), ne ſont point indifféren» tes, (c'eſt lui qui parle : ce ſont de » celles dont la vérité ou la fauſſeté

(a) *Préface*, p. 6.

» importe à connoître, & qui font le » bonheur ou le malheur du genre- » humain « ; & il veut qu'avec des rêves, le genre-humain fe décide fur ce qui doit faire fon bonheur ou fon malheur. Il croit fans doute que tous les hommes rêvent comme lui, & que perfonne ne fera affez éveillé pour appercevoir l'illufion fi groffière de fes rêves.

Toutes les preuves que nous venons de donner, démontrent invinciblement qu'il n'y a pas d'abfurdité plus grande, que de foutenir avec Rouffeau, qu'il ne faut croire que ce qu'on aura vu. Si la foi eft néceffaire dans l'ufage des chofes humaines, combien plus le fera-t-elle dans les matières qui concernent la Religion? Si nous fommes obligés de recevoir le témoignage des hommes dans tout ce qui appartient à la vie civile, quelle équité de refuser tant de témoignages si multipliés & si bien constatés, qui déposent en faveur de la Religion Chrétienne?

C'est cette même société, sur la foi de laquelle on ne cesse d'agir avec la plus grande confiance, qui dépose en sa faveur. C'est elle qui nous atteste & qui nous garantit la vérité des faits de notre Religion, & des monumens qui les contiennent. Mais ce qui donne à tous ces faits le dernier dégré d'évidence, ce qui les met à l'abri de la censure la plus maligne; ils n'ont jamais été contestés, ils ont toujours été reconnus par ceux mêmes qui avoient le plus d'intérêt d'en disputer la certitude. Celse, Porphyre, Julien, tous ceux qui ont combattu la Religion Chrétienne, tous ceux qui s'en sont séparés, ou qui ont formé des Sectes à part, aucun n'a jamais osé révoquer en doute l'existence de tous ces faits.

Ainsi, bien loin que l'éloignement de ces faits diminue rien de leur notoriété, il leur communique au contraire un nouveau relief, il leur donne un plus grand poids. Le consentement unanime & général de tant de générations consécutives qui n'a pu leur être refusé, forme en leur faveur la démonstration la plus complette. Quand je vois tous ces faits, encore récens, publiés par-tout depuis l'Orient jusqu'à l'Occident, par un nombre de témoins oculaires, qui portent avec eux tous les caractères de vérité & de sincérité : quand je vois qu'ils les soutiennent à la face de la Synagogue, si parfaitement instruite de tout & si intéressée à décéler l'imposture, s'il y en avoit eu : quand j'apperçois ces mêmes hommes atteſter ces faits devant tous les Tribunaux du monde payen, avec une fermeté & un courage que rien ne peut déconcerter; que ni Juif ni Gentil n'entreprennent d'en démentir la certitude, mais que tous au contraire la confirment & la rendent indubitable en attribuant ces faits à la magie: quelle lumière, quel dégré d'évidence & de conviction! Mais en pouſſant mon examen plus loin, quel ſujet d'admiration pour moi! quelle ſurabondance de preuves! Tous ces faits ſont reçus & révérés dans toutes les parties du monde alors connu, avant même la fin du ſiécle qui les a vu paroître. Ils forcent par leur évidence ceux mêmes qui s'étoient le plus révoltés contre eux, de les admettre: ils deviennent victorieux de toutes les paſſions, de tous les préjugés, & de toutes les oppoſitions. C'eſt la foi de tous ces faits qui réunit dans une même Religion un peuple immense répandu par-tout & qui s'accroît chaque jour. Pendant trois siécles de la plus cruelle persécution, ce peuple, sans d'autres intérêts que celui de la vérité, ne cesse de rendre des milliers de témoignages à tous ces faits, au milieu des plus horribles tourmens, des morts les plus affreuses. Ce peuple enfin devient victorieux de tous ses ennemis, & sa Religion s'éléve par-tout sur les débris du paganisme. Ce peuple, toujours subsistant depuis le moment de son origine, rend à la vérité de tous ces faits le témoignage le plus constant & le plus universel. Peut-il y avoir rien de plus autentique, de plus irréfragable & de plus certain? Un témoignage si suivi, toujours vivant depuis Jesus-Christ jusqu'à nous, ne nous rapproche-t-il pas par ſa continuité, du moment où ces merveilles ſe ſont paſſées? Ne nous les met-il pas en quelque ſorte ſous les yeux, comme ſi elles venoient de s'opérer parmi nous?

Rouſſeau n'a-t-il pas eu bien raiſon de nous dire, qu'il n'y a rien de mieux atteſté que tous ces faits? Dirons-nous, répond-il à ſon Emile, » que l'hiſtoire de l'Evangile a été » inventée à plaiſir (*a*)? Mon ami, » ce n'eſt pas ainſi qu'on invente, & » les faits de Socrate, dont perſonne » ne doute, ſont moins atteſtés que » ceux de Jeſus-Chriſt. « Mais puiſque les faits de Jeſus-Chriſt ſont encore mieux atteſtés que ceux de Socrate, & puiſque perſonne ne doute de ces derniers, n'eſt-il pas de la dernière évidence, que perſonne ne doit auſſi douter de ceux de Jeſus-Chriſt?

(*a*) *Tome III, p.* 182.

Rousseau ne pourra répliquer à ce raisonnement, qu'en disant que quoique personne ne doute des faits de Socrate & d'autres semblables, ce n'est pas une preuve de la vérité de leur existence, & cela n'empêche pas qu'on ne puisse les regarder comme autant de fables. Mais nous avons déja vu l'extravagance d'une pareille réponse : celui qui nie des faits aussi certains, n'est digne que de la risée des personnes un peu sensées : *Unde si quis hoc neget, nec saltem refellitur, sed ridetur.* Augustinus.

Que Rousseau réprime donc enfin son inflexible obstination, & je ne sçais quelle insatiable cupidité d'étendre son nom en multipliant ses erreurs. Qu'il nous laisse suivre en paix l'autorité si décisive de cette multitude de témoignages, qu'il est forcé de reconnoître. Pour lui, qu'il rentre dans les ténébres dont il fait ses délices ; qu'il cesse de nous tendre des piéges pour nous enlever une vérité dont le nom lui sert de voile pour couvrir ses pernicieux desseins : *Cohibe tandem pertinaciam , & nescio quam indomitam propagandi nominis libidinem . . . . . in latebras tuas redi , nec quidquam insidiare sub nomine veritatis , quam conaris eis adimere quibus autoritatem ipse concedis.* August.

Mais il faut encore entendre Rousseau dans son Dialogue entre un prétendu inspiré & un soi-disant raisonneur. L'inspiré objectant en sa faveur des changemens dans l'ordre de la nature, des miracles , des prodiges de toute espèce ; Rousseau , qui contrefait si mal le personnage d'un raisonneur , lui répond , comme nous avons déja vu : » Des prodiges (*a*),

(*a*) *Tom. III. p.* 155.

» des miracles! je n'ai jamais rien vu » de tout cela. D'autres l'ont vu pour » vous, reprend l'Inſpiré. Des nuées » de témoins, le témoignage des peu» ples. Le témoignage des peuples, » eſt-il d'un ordre ſurnaturel, ré» plique gravement ce Raiſonneur « ? Qui ne ſentira tout l'artifice du ſophiſme de Rouſſeau? Qui a jamais dit que le témoignage des peuples fût d'un ordre ſurnaturel? Les miracles & les prodiges, voilà des preuves d'un ordre ſurnaturel; mais le témoignage des peuples n'eſt autre choſe qu'un ſûr-garant de l'exiſtence de ces preuves; & quoique d'un ordre très-naturel, il ne permet pas, comme nous l'avons déja montré, de douter des faits qu'il atteſte. C'eſt ainſi que dans l'ordre civil, les Loix du Prince ne ſont pas du même ordre, que le témoignage de ceux qui attestent que la Loi est émanée du Prince : mais ce témoignage & ce consentement sont une preuve certaine de l'existence de la Loi. Ce n'est point proprement à ce témoignage que les hommes se soumettent ; mais c'est en conséquence de ce témoignage, qu'ils obéissent & acquiescent à la Loi.

Que Rousseau, ce soi-disant raisonneur, vienne ensuite nous dire : » Voyez à quoi se réduisent vos prétendues preuves surnaturelles (*a*), » vos miracles. A croire tout cela sur » la foi d'autrui, & à soumettre à » l'autorité des hommes l'autorité de » Dieu parlant à ma raison «. Quoi ! soumet-on l'autorité de Dieu à l'autorité des hommes, parce qu'on croit à ses miracles sur le rapport des hommes ? C'est toujours à l'autorité de Dieu que la raison se soumet, & le

(*a*) *Tom. III. p. 157.*

témoignage des hommes n'eſt que le *medium* de ſa ſoumiſſion ; & ſi la raiſon ſe rend à ce témoignage, c'eſt parce que l'autorité de Dieu, parlant à la raiſon, lui dicte qu'elle ne peut s'y refuſer ſans la combattre. Pour rendre ceci encore plus ſenſible, je demande à Rouſſeau s'il diroit qu'un homme qui de ſes yeux voit des miracles, & qui s'y rend ſur ce témoignage, ſoumet l'autorité de Dieu parlant à ſa raiſon, à l'autorité de ſes yeux. Il en eſt de même de ce qu'on croit ſur la foi d'autrui. L'examen des autres nous tient lieu de celui que nos propres yeux n'ont pu faire, & nous n'accordons à leur autorité que ce que nous n'aurions pu refuſer à la nôtre.

Rouſſeau, toujours plein de mauvaiſe foi, prétend qu'on ne doit avoir aucun égard à l'autorité du témoignage des hommes en faveur de la révélation, parce qu'il a pour fin d'établir des absurdités.

» Nous avons mis à part (*a*), dit-» il à son Eléve, toute autorité hu-» maine, & sans elle je ne sçaurois » voir comment un homme en peut » convaincre un autre en lui prêchant » une doctrine déraisonnable. Met-» tons un moment ces deux hommes » aux prises «. Voici comment il fait parler son Inspiré :

» La raison vous apprend que le » tout est plus grand que sa partie ; » mais moi je vous apprends de la » part de Dieu, que c'est la partie » qui est plus grande que le tout «. Peut-on marquer plus de passion, de mauvaise volonté, & d'envie de tromper ? Rousseau pourroit-il prendre un moyen plus propre pour persuader un

(*a*) *Tom. III. p.* 151.

Lecteur impartial, qu'il n'attaque que par des calomnies, des mensonges, d'injurieuses imputations? A qui fera-t-il croire que la révélation nous propose des absurdités aussi puériles & aussi grossières que celle dont il donne un exemple? Il faut, en vérité, que nos Incrédules soient bien dénués de raisons, pour être obligés de recourir à de semblables impostures. On voit bien que Rousseau n'écrit que pour ces esprits superficiels, qui, déja séduits par la corruption de leurs cœurs, ne cherchent que de vains prétextes pour étouffer les foibles restes d'une lumière déja expirante. Nous défions Rousseau de nous montrer la moindre absurdité dans nos Livres saints, & nous nous engageons à lui prouver qu'ils ne donnent aucune atteinte aux vérités éternelles que notre esprit conçoit. Ils ne font au contraire

contraire que les étendre, les développer, & venger les outrages que l'esprit d'incrédulité ne cesse de leur faire.

Les miracles faits en faveur de la révélation suffiroient pour démontrer pleinement qu'elle ne peut contenir rien d'opposé à la saine raison. Rousseau vient de faire tous ses efforts pour en nier l'existence, sous prétexte qu'il ne les a pas vus. Il a bien senti qu'il ne pourroit tenir long-temps dans ce poste; & prévoyant qu'il en seroit bien-tôt chassé, il s'est réservé un dernier retranchement pour s'y réfugier. Il prétend donc qu'en supposant la vérité de nos miracles, nous n'en pouvons rien conclure pour la vérité de notre doctrine. Voici comment il s'y prend:

» Reste enfin, nous dit-il (*a*), l'e-

(*a*) *Tom. III. p.* 147.

» xamen le plus important dans la » doctrine annoncée : car puisque ceux » qui disent que Dieu fait ici bas des » miracles prétendent que le Dia- » ble les imite quelquefois, avec les » prodiges les mieux attestés nous » ne sommes pas plus avancés qu'au- » paravant ; & puisque les Magiciens » de Pharaon osoient, en présence » même de Moyse, faire les mêmes » signes qu'il faisoit par l'ordre exprès » de Dieu, pourquoi, dans son ab- » sence, n'eussent-ils pas, au même » titre, prétendu la même autorité ? » Ainsi donc, après avoir prouvé la » doctrine par le miracle, il faut prou- » ver le miracle par la doctrine, de » peur de prendre l'œuvre du Démon » pour l'œuvre de Dieu «. *Cela est formel en mille endroits de l'Ecriture*, ajoute Rousseau dans une Note.

Ce discours n'est appuyé que sur

des mensonges & de fausses suppositions. Il veut tourner nos propres armes contre nous-mêmes, en s'autorisant de l'Ecriture & des Théologiens. Mais, pour le confondre, je veux lui montrer par l'Ecriture & la Tradition, que tout vrai miracle, de cela seul qu'il est miracle, donne droit de conclure la vérité de la doctrine en faveur de laquelle il est opéré. Je lui prouverai que jamais ce qui est vraiment miracle, ne peut être joint à la fausseté ou à une mauvaise doctrine. Je le convaincrai que l'autorité des miracles est toujours indépendante des discussions de la doctrine & des circonstances qui l'accompagnent. En un mot, il va voir qu'aucun vrai miracle ne peut être employé pour détourner les hommes de la voie que Dieu leur auroit prescrite; que si le Démon ne peut jamais faire de vrais miracles, Dieu peut encore moins en opérer qui ſoient joints à l'erreur, à deſſein de tenter les hommes, ou d'éprouver leur fidélité, & qu'enfin ils ſont toujours un témoignage autentique de l'approbation de Dieu, & une preuve certaine qu'on a pour ſoi la vérité & la juſtice. Telle eſt la doctrine que nous enſeignent d'un commun concert l'Ecriture, la Tradition & les Théologiens : il faut les venger de l'outrage que Rouſſeau leur fait.

Commençons par l'Ecriture. Le Seigneur apparoît à Moyſe ſur la montagne d'Horebe ; il veut l'envoyer en Egypte pour délivrer ſon Peuple de l'eſclavage ſous lequel il gémit depuis ſi long-temps. Moyſe s'excuſe d'exécuter la commiſſion de Dieu : ils ne me croiront pas, dit-il à Dieu ; mais ils diront : Le Seigneur ne vous a point apparu; *non apparuit tibi Dominus (a)*.

Alors le Seigneur, pour convaincre Moyſe de ſa volonté, opère devant lui pluſieurs miracles, & lui donne le pouvoir de les renouveller devant les enfans d'Iſraël, afin qu'ils croient que le Seigneur le Dieu de leurs pères lui a certainement apparu; *ut credant, inquit, quod apparuerit tibi Dominus Deus*. Moyſe ſe ſoumet & part pour exécuter les ordres de Dieu. Il fait aſſembler tous les anciens des enfans d'Iſraël : Aaron leur rapporte tout ce que le Seigneur avoit dit à Moyſe; il opere des miracles devant le peuple; le peuple le croit, & tous ſe proſternent pour adorer Dieu dans ſes merveilles; *& fecit ſigna coram populo, & credidit populus*.

Si les vrais miracles n'étoient pas

(a) *Exod. c. 3 & 4.*

toujours une preuve certaine de la vérité, comment Dieu pourroit-il les donner à Moyse pour une marque évidente de la divinité de sa mission? Comment Moyse s'en seroit il contenté, & auroit-il cru ne pouvoir plus douter de la divinité de celui qui lui parloit? Comment enfin les Israélites auroient-ils cru si promptement à la parole de Moyse, confirmée par des miracles? Les uns & les autres n'auroient pas manqué de représenter qu'une pareille preuve étoit fort équivoque & sujette à bien des illusions.

Moyse se présente devant Pharaon (a), il lui commande de la part de Dieu, de laisser aller le peuple Hébreu dans le désert, afin de lui sacrifier. Pour prouver sa mission, & persuader Pharaon, il opere devant

(a) *Ibid. c. 7 & suiv.*

lui plusieurs prodiges. Le cœur de Pharaon s'endurcit, il refuse d'obéir, il n'ajoute aucune foi aux miracles de Moyse. Qu'arrive-t-il? Lui, son Peuple & ses Etats sont frappés d'une multitude de plaies pour punir son incrédulité & pour convaincre son entêtement. Mais quoi! si les miracles ne sont pas décisifs par eux-mêmes, s'ils peuvent être joins à la fausseté, si le Démon en peut faire, quel est le crime de Pharaon & des Egyptiens? Comment méritoient-ils de pareils châtimens? Toutes les circonstances n'étoient-elles pas pour eux? Ils refusoient de renvoyer les Israélites malgré les miracles de Moyse; mais n'agissoient-ils pas prudemment, & leur résistance n'étoit-elle pas raisonnable, si les miracles opérés par Moyse n'étoient point par eux-mêmes un signe indubitable de la vérité de ce qu'il avançoit ? La raiſon ne nous ordonne de nous rendre qu'à ce qui porte avec ſoi un caractère certain de vérité. Il faut donc que les miracles que Dieu avoit opérés par Moyſe, fuſſent une preuve infaillible & inconteſtable de ſa volonté, pour que les Egyptiens fuſſent coupables de ne s'y être pas rendus. Ainſi, par une juſte conſéquence, les terribles châtimens que Dieu exerce ſur eux, nous montrent & nous apprennent que les vrais miracles forment une déciſion ſi ſûre, qu'on ne peut lui réſiſter ſans combattre Dieu même.

Moyſe ſort de l'Egypte avec les Iſraélites, il les conduit dans le déſert, ſelon l'ordre qu'il en avoit reçu; Dieu multiplie encore les miracles en leur faveur; une nuée les couvre pendant le jour, une colomne toute éclatante les éclaire pendant la nuit; poursuivis par les Egyptiens, la Mer s'ouvre devant eux, ses eaux séparées leur laissent un passage libre. L'Egyptien prend la même route, Moyse étend la main sur les eaux, elles se précipitent avec leur impétuosité naturelle, Pharaon & toute son armée sont engloutis dans les abîmes. Depuis ce moment Dieu ne cesse d'opérer des merveilles par le ministere de Moyse : le détail en seroit trop long.

Cependant les Israélites, toujours ingrats, toujours rebelles, murmurent à tout instant contre Moyse, toujours prêts à se soulever contre lui, ne témoignant que des regrets amers pour leur ancienne servitude. Jusqu'à quand, dit le Seigneur à Moyse, ce peuple m'irritera-t-il par ses outrages? jusqu'à quand refusera-t-il de croire en moi, après tous les miracles que j'ai faits ſous ſes yeux? *Quouſque non credent mihi in omnibus ſignis quæ feci coram eis* (*a*)? Tous ces hommes qui ont vu l'éclat de ma gloire, qui ont été témoins des merveilles que j'ai faites, & qui, loin d'obéir à ma voix, m'ont tenté par dix fois; je jure par moi-même, qu'ils ne verront point la terre que j'ai promiſe avec ſerment à leurs pères.

Il faut que les vrais miracles ſoient bien déciſifs par eux-mêmes, qu'ils ſoient toujours un témoignage ſûr & autentique de l'approbation de Dieu, & qu'on ne puiſſe réſiſter à leur voix, ſans déſobéir à celle de Dieu! Autrement, comment Dieu pourroit-il être irrité du refus que les Iſraélites ont fait de s'y ſoumettre? Comment pourroit-il prononcer un arrêt ſi terrible contre leur incrédulité? Si les

(*a*) *Num.* 14.

vrais miracles sont des signes équivoques de la volonté de Dieu & de ses ordres ; s'ils peuvent être joints à la fausseté, si le Diable en peut faire, les Israélites n'auroient-ils pas eu une excuse bien légitime ? Est-il certain, auroient-ils pu dire, que Dieu soit auteur de ces prodiges ? & quand il le seroit, ne pourrions-nous pas encore douter de leur fin & de leur destination ? N'aurions-nous pas droit de craindre qu'ils ne fussent opérés pour nous tenter, sonder nos cœurs & éprouver notre fidélité ? Mais ils n'eurent garde de tenir un pareil langage ; ils reconnurent le tort qu'ils avoient eu de résister à des preuves si convainquantes. La vengeance si sévere que Dieu exerça contre eux, démontre sans réplique le faux de ces vains prétextes ; elle sera à jamais un monument invincible de l'autorité irréfragable des miracles ; elle publie encore hautement ce que doivent attendre ceux qui osent les combattre ou les rejetter.

Rappellons ici quelques autres faits qui, réunis aux précédens, formeront la preuve la plus complette. A peine Elie a-t-il ressuscité le fils de la veuve de Sarepta, que cette tendre mère éplorée, s'écrie dans la joie de son cœur : Je connois maintenant que vous êtes un homme envoyé de Dieu, & que la parole du Seigneur qui est dans votre bouche, est la vérité. *Nunc in isto cognovi quoniam vir Dei es tu, & verbum Domini in ore tuo verum est* (*a*).

Naaman n'est pas plutôt guéri de sa lépre (*b*), qu'il reconnoît à cette merveille & sans autre examen, qu'il

(*a*) *Lib. III. Reg.* 17.
(*b*) *Lib. IV. Reg.* 5.

n'y a point d'autre Dieu dans toute la terre, que celui qui est dans Israël. Il déclare dès-lors au Prophete, qu'il ne veut plus adorer d'autre Dieu que celui dont sa guérison miraculeuse lui a fait reconnoître la divinité.

Dès que le Peuple d'Israël eut vu tomber le feu du Ciel sur le sacrifice d'Elie (*a*), convaincu par une preuve si décisive, tous ses doutes se dissiperent, il s'écria aussi-tôt : C'est le Seigneur qui est le vrai Dieu ; c'est le Seigneur qui est le vrai Dieu ; & les Prophetes de Baal furent à l'instant exterminés.

Telle est l'impression que les vrais miracles ont toujours faite : telle est la force & l'autorité qu'ils ont eue dans tous les temps : tel est l'effet qu'ils ont toujours produit par eux-mêmes & indépendamment de tou-

(*a*) *Lib. III. Reg.* 18.

te circonſtance. Dès que leur voix s'eſt fait entendre, les hommes n'ont rien demandé de plus pour ſe ſoumettre à ce qu'ils autoriſoient. Si quelquefois ils ont refuſé de ſe rendre à leur témoignage, ce n'eſt qu'en ſe faiſant violence, qu'en réſiſtant par la force de leurs paſſions & l'aveuglement de leurs préjugés à l'impreſſion naturelle que les miracles ne manquoient pas de faire ſur eux. Pourſuivons cette tradition de faits, & nous en verrons bien-tôt un exemple frappant.

Jeſus-Chriſt paroît au milieu des Juifs, il ouvre ſa miſſion par une multitude de prodiges éclatans, il ſe déclare l'Envoyé de Dieu, ſon propre Fils, celui qui avoit été l'objet des ſoupirs des Saints de tous les tems, celui dont les Prophetes avoient été ſi occupés. Il ne prétend pas qu'on le croie sur sa parole : mais, pour prouver ce qu'il avance, il opère des miracles sans nombre, il fait entendre les sourds, parler les muets, il rend la vue aux aveugles, redresse les boiteux, guérit les paralytiques, & pour tout dire en un mot, il fait sortir les morts de leurs tombeaux : & quelles guérisons n'opère-t-il pas ! C'est à ces preuves qu'il veut être cru, c'est à ces traits qu'il veut qu'on le reconnoisse.

Jean envoie à Jesus-Christ deux de ses Disciples (*a*) pour lui demander s'il est le Messie. Que leur répond-il? Allez dire à Jean ce que vous avez vu : les aveugles voient, les boiteux marchent, les lépreux sont guéris, les sourds entendent, les morts ressuscitent.

On présente à Jesus-Christ un pos-

(*a*) *Matth.* 11.

ſédé aveugle & muet ; il le guérit ſi parfaitement, qu'il parle & voit. Les Phariſiens, pour étouffer l'impreſſion que fait cette merveille ſur le peuple, prétendent que Jeſus-Chriſt ne chaſſe les Démons que par la vertu de Béelzebut. J. C. leur démontre qu'il ne peut chaſſer Satan par la vertu de Satan, parce que Satan ne peut être diviſé contre lui-même. Après avoir établi que ce ne pouvoit être que par l'Eſprit & le doigt de Dieu qu'il chaſſoit les Démons, il en tire cette conſéquence naturelle : Si je chaſſe les Démons par le doigt de Dieu, vous devez donc croire que le Royaume de Dieu eſt parvenu juſqu'à vous. Il n'y a point de milieu, point de moyens d'héſiter ſur la fin du miracle que j'opère, il ne peut venir que de Dieu, & par conſéquent il prouve clairement que le Royaume de Dieu eſt

est venu jusqu'à vous, parce qu'il ne peut être destiné qu'à l'établir. *Si in digito Dei ejicio Dæmonia, profectò pervenit in vos Regnum Dei* (*a*).

Un paralytique est apporté à Jesus-Christ; il lui dit : Mon fils, ayez confiance, vos péchés vous sont remis. Les Pharisiens accusent Jesus de blasphême. Jesus-Christ, pour leur montrer la fausseté de leur accusation, leur dit : Afin que vous ne puissiez douter que le Fils de l'homme a le pouvoir sur la terre de remettre les péchés; levez-vous, ajoute-t-il au paralytique, je vous le commande, emportez votre lit & allez dans votre maison. Aussi-tôt le paralytique se léve, prend son lit, & s'en retourne chez lui en glorifiant Dieu. Jesus-Christ regardoit donc la merveille qu'il opère ici, comme une preuve certai-

(*a*) *Luc.* 11.

ne & décisive du pouvoir qu'on lui contestoit. Le vrai miracle ne peut donc avoir le Diable pour auteur, il ne peut donc être joint à l'erreur & à la fausseté, puisque sa nature & sa fin sont de dissiper tous les doutes, de terminer toutes les contestations. S'il pouvoit être fait pour autoriser l'erreur, il ne prouveroit rien par lui-même, il ne décideroit rien, & il laisseroit subsister tous les doutes. Tel est aussi le jugement que tous les spectateurs portèrent du miracle de Jesus-Christ. Dès qu'il fut opéré, sans demander rien de plus, de l'indignation tous passerent à l'admiration, & saisis d'un grand étonnement, ils rendirent gloire à Dieu, personne n'eut rien à opposer ; & dans le transport de leur reconnoissance, ils s'écrièrent : Nous avons vu aujourd'hui des choses prodigieuses, nous n'avons jamais rien vu de ſemblable. Voilà l'effet naturel que les vrais miracles ont coutume de produire : telle eſt la conviction qu'ils portent ordinairement dans les eſprits, même les plus prévenus.

Enfin, pour abréger la multitude des preuves que je pourrois rapporter, toutes les fois que Jeſus-Chriſt eſt accuſé, calomnié, outragé par les Juifs, il les renvoie toujours à ſes miracles, comme à la preuve la plus complette de la divinité de ſa miſſion & de la vérité de ſa doctrine, comme à l'apologie la plus parfaite de toutes les accuſations qu'on formoit contre lui. Les œuvres que je fais, leur dit-il, rendent témoignage de moi ; ſi vous ne voulez pas me croire, croyez au moins à mes œuvres. Il déclare aux Juifs, que s'il n'avoit pas fait parmi eux toutes ces merveilles, ils ne seroient pas coupables, & n'auroient pas commis de péché en refusant de croire en lui. Par conséquent les vrais miracles n'ont jamais que Dieu pour principe, n'ont jamais pour fin que d'établir la vérité : autrement ceux de Jesus-Christ n'eussent été qu'une preuve équivoque, & les Juifs n'eussent pas été plus coupables de n'y point croire, qu'ils ne l'auroient été si Jesus-Christ n'en eût point opéré.

Où sont ces milliers de passages de l'Ecriture que Rousseau prétend nous opposer ? Après des textes aussi formels que ceux que nous venons de citer, nous sommes assurément dispensés d'entrer dans la discussion de ces prétendus passages. Nos Ecritures ne se contredisent pas aussi grossièrement ; elles sont toutes appuyées & fondées sur l'autorité des miracles ; la Religion qu'elles établissent a aussi le même fondement : comment ces mêmes Ecritures pourroient-elles travailler à le détruire? Nous avons déja répondu au texte du Deutéronome, que Rousseau cite en sa faveur, & nous avons montré qu'il n'est point question de vrai miracle en cet endroit. Comment en effet l'Ecriture pourroit-elle supposer qu'un Prophete des faux Dieux fît de vrais miracles pour attirer les peuples à l'idolatrie, elle qui défie en cent endroits tous les faux Dieux d'en opérer ; elle qui leur promet si souvent qu'on les reconnoîtra pour des Dieux, s'ils sont assez puissans pour produire de vrais miracles?

Si, parmi les Juifs, les Pharisiens & les Docteurs attribuent au Démon les merveilles que Jesus-Christ opère au milieu d'eux, quoiqu'ils n'osent jamais soutenir que Dieu les opère pour les tenter & éprouver leur fidélité ; qui ne voit que l'aveuglement, la passion, l'esprit de vengeance, & leur haine implacable contre Jesus-Christ, sont l'origine & la cause d'une si mauvaise défaite? Le Peuple plus droit & plus sincère, ne cesse d'admirer les miracles du Sauveur & d'y reconnoître la toute-puissance de Dieu : s'il n'eût enfin été séduit & trompé par ses Maîtres, il fût demeuré constamment attaché aux miracles de Jesus Christ. Les Pharisiens & les Docteurs de la Loi, seuls auteurs de tout le mal, montrent clairement par toute leur conduite, que l'amour du vrai n'a aucune part dans leur décision. D'abord ils se partagent : un nombre d'entr'eux ne peut souffrir qu'on donne au Diable les miracles de Jesus. Quoi, disent-ils, le Démon peut-il ouvrir les yeux des aveugles ? *Numquid Dæmonium potest cæcorum oculos aperire* (*a*) ? Comment un méchant homme, un imposteur peut-il opérer de semblables prodiges ? Et ils étoient ainsi divisés entr'eux. *Quomodo potest homo peccator hæc signa facere ? & schisma erat inter eos.* Enfin, s'ils s'accordent à rejetter les miracles de Jesus-Christ, il est clair qu'ils ne le font qu'en sacrifiant toutes leurs lumières à des vues basses d'intérêt & de jalousie. » Que faisons-nous, s'écrient-ils ? » cet homme opère beaucoup de miracles (*b*) : si nous le laissons faire, » tous croiront en lui : les Romains » viendront, ils ruineront notre Ville » & notre Nation «. Après un pareil aveu, peut-on douter des motifs qui animent & déterminent ces faux Sa-

(*a*) *Joan.* 10, v. 21.
(*b*) *Ibid. c.* 11.

ges ? N'eſt il pas viſible que ſans eux, toute la Judée eût rendu de Jeſus-Chriſt l'hommage qu'il méritoit ? Ils ont prononcé leur condamnation, en reconnoiſſant que l'éclat & la force des miracles de Jeſus-Chriſt étoit capable d'attirer tout le monde à lui, & de le faire regarder comme le Meſſie.

Que Rouſſeau conſulte l'idée que les hommes ont eue dans tous les temps des vrais miracles ; il verra qu'il ne peut ſoutenir ſon ſyſtême, ſans *rejetter cet accord évident & univerſel de toutes les Nations* ; ſans ſe ſoulever contre *l'éclatante uniformité du jugement des hommes* (*a*), qu'il regarde cependant comme la lumière la plus ſûre & le guide le plus infaillible. A peine les Apôtres ont-ils ouvert leur miſſion, que déja la vive impreſſion

(*a*) *Tom. III, pag.* 108.

de leurs miracles leur attire une foule de Disciples. Les habitans de Lydde & de Saronne, à la vue de la guérison d'un paralytique, embrassent aussi-tôt l'Evangile. Les miracles que Philippe opère à Samarie, y soumettent à la foi une multitude d'habitans. Tous écoutent avec une même ardeur les discours de Philippe, voyant les miracles qu'il faisoit : *Videntes signa quæ faciebat.* Simon même le Magicien est si frappé de ces miracles & de ces prodiges, qu'il en est tout hors de lui : *Stupens admirabatur*, & qu'il embrasse la foi. Il faut donc que ce Magicien, avec tous les secrets de son art, avec tous les secours du Démon, ne put rien faire de comparable à ce qu'il voyoit, & qui en approchât, puisqu'il est saisi d'un si grand étonnement. Le Proconsul Sergius Paulus, frappé de l'aveuglement ſubit du Magicien Elymas, croit dès-lors à Jeſus-Chriſt. Paul & Barnabé étant venus à Lyſtre, ils rendent à un boiteux de naiſſance qui n'avoit jamais marché, l'uſage de ſes jambes; le peuple, étonné de cette merveille, s'écrie d'une même voix: Ce ſont des Dieux qui ſont deſcendus à nous ſous une forme humaine, & l'on veut ſur le champ leur offrir des ſacrifices. Telle eſt l'idée ſimple & naturelle que tous les hommes ont des miracles; ils ſont intimement perſuadés qu'il n'y a que le vrai Dieu qui puiſſe les opérer; & comme les habitans de Lyſtre reconnoiſſoient pour Dieux ceux qui ne l'étoient pas, ils leur attribuent auſſi-tôt le prodige dont ils ſont témoins.

C'eſt par la vertu des miracles, & la juſte conſéquence que les peuples en ont tirée, que les Apôtres ont porté si loin la connoissance du vrai Dieu. J'ai rempli (*a*), dit l'Apôtre S. Paul, de la connoissance de l'Evangile cette grande étendue de pays, qui est depuis Jérusalem jusqu'à l'Illirie, par la force & l'éclat des miracles & des prodiges que Dieu m'a donné d'y opérer. A la vue de ces merveilles, chacun est persuadé qu'il n'y a que le vrai Dieu qui puisse en être l'auteur, & donner aux Apôtres le pouvoir de les opérer ; on ne peut s'empêcher de les regarder comme une preuve certaine de tout ce qu'annoncent les Apôtres ; on est convaincu que leur doctrine est vraie, parce que les miracles qui l'autorisent ne peuvent être joints à la fausseté, confirmer l'erreur & le mensonge.

Si les Démons, qui étoient les

(*a*) Rom. 15.

Dieux des Payens, avoient jamais opéré des merveilles ſemblables à celles des Apôtres, ou ſi on eût cru qu'ils en puſſent opérer, auroit-on été ſi étonné, ſi frappé des miracles qu'on voyoit faire aux Apôtres? Si on eût penſé que de pareils effets pouvoient être joints à une fauſſe doctrine, pouvoient être opérés pour tenter les hommes & les ſéduire, s'y ſeroit-on rendu avec une facilité ſi prompte & ſi ſubite? Quelle impreſſion les miracles des Apôtres auroient-ils faite? N'auroit-on pas demandé à examiner la doctrine? N'auroit-on pas dit que toutes les circonſtances étant ſi contraires à ces nouveaux venus; le culte qu'ils prétendoient abolir, ſi ancien, ſi invétéré, il falloit un long & mûr examen avant de ſe rendre à leur Prédication? Mais non: les Apôtres prêchent, les miracles ſont leurs preuves, leurs titres & leurs garants; dès-lors on n'hésite plus à se rendre à leur voix; on renonce à ses Dieux, à ses passions; on sacrifie ses biens, sa vie même pour suivre la doctrine des Apôtres. Tant il est vrai que les hommes ont toujours été parfaitement convaincus que les vrais miracles sont une preuve évidente & certaine de vérité, que le Diable n'en peut faire, & qu'ils ne peuvent jamais être joints à la fausseté.

Que nos incrédules qui, pour tâcher d'obscurcir la lumière & l'éclat des miracles de l'Evangile, vont chercher dans les ténèbres quelques exemples sans autorité, comparent ici, s'ils le veulent, les prétendus miracles d'un Apollonius de Thyane avec ceux des Apôtres de Jesus-Christ. Sans entrer dans la discussion des vains prestiges & des illusions de cet imposteur, qui n'ont encore pour garant aucun Auteur digne de foi, comme dit fort bien S. Augustin, jugeons de la différence des œuvres d'Apollonius d'avec celles des Apôtres, par la différence de leurs effets.

Ce Philosophe prêche en même-temps que les Apôtres, il combat & contredit les mystères qu'ils annoncent, il débite une morale parfaitement conforme aux inclinations des Payens; tandis que les Apôtres n'annoncent que croix, que souffrances, que mortifications, que renoncement à soi-même. La doctrine d'Apollonius n'a rien qui soit capable de déconcerter la raison des Payens; tout est assorti à leurs idées : les Apôtres, au contraire, proposent à croire un Dieu en trois Personnes; ils prêchent un Dieu crucifié, vraie folie pour les Gentils; en un mot, ils exigent la foi de plusieurs mystères auxquels la raison même la plus éclairée de la lumière naturelle ne pouvoit rien comprendre. Qu'arrive-t-il ? Apollonius est laissé, méprisé, l'illusion de ses vains prestiges est dissipée par l'éclat & la force des miracles si divins des Apôtres. Tout le monde suit ceux-ci, embrasse leur doctrine ; & Apollonius ne peut faire que quelques Disciples qui survivent à peine à leur Maître. Peut-on demander une plus grande preuve de la divinité des miracles des Apôtres, & de la fausseté de ceux d'Apollonius ?

Tous ceux que nos Incrédules pourroient citer, sont de la même nature ; ou ce sont autant de fables dont les Payens eux-mêmes se jouoient & se moquoient, ou des prestiges qui n'ont rien qui approche des effets vraiment miraculeux : *Nequaquam virtute ac ma-*

gnitudine conferenda. Aug. Ce ſont, dit Tite-Live lui-même, des faits embellis par les fictions des Poëtes, & qui ne ſont fondés ſur aucun monument autentique & accrédité, des faits controuvés pour tromper la crédulité des hommes ſimples & ſuperſtitieux, ou de faux prodiges que le même Auteur nomme *ludibria oculorum auriumque, credita pro veris;* c'eſt-à-dire, des tours d'adreſſe, qui, faiſant une illuſion groſſière aux ſens, leur font prendre pour vrai ce qui n'en a qu'une fauſſe apparence.

Marius Maximus, Auteur fort exact, cité par Spartien, dit, en parlant des prétendus miracles attribués à Adrien, que ce ne ſont que des fictions de l'impoſture & du menſonge: *Hæc per ſimulationem facta.* Les Payens n'ont jamais oſé ſoutenir que leurs Dieux les euſſent guéris autrement

ment que par le ſecours de la Médecine. Julien l'Apoſtat ne ſe glorifie pas d'avoir été guéri d'une autre manière. Eſculape, dit cet Empereur, m'a ſouvent rendu la ſanté en m'indicant des remédes : *Me ſæpius ægrotum ſanavit Eſculapius, indicatis remediis* (*a*). Qu'y a-t-il en cela de merveilleux & digne d'admiration ? N'eſt-ce pas ainſi que les Médecins guériſſent ? & de pareilles guériſons peuvent-elles être comparées à celles que Jeſus-Chriſt & ſes Apôtres ont opérées ? Qu'ont jamais fait de pareil tous les Dieux enſemble du Paganiſme ? Les Poëtes eux-mêmes ſont forcés de reconnoître que tous leurs Dieux ne peuvent délivrer des approches de la mort, même leurs meilleurs amis, lorſque la Parque vient à couper la trame de leurs jours. Tous ces témoi-

(*a*) *Apud S. Cyrillum.*

gnages, ſans compter ceux que nous pourrions ici accumuler, ſi le lieu le permettoit, démontrent invinciblement que l'antiquité même profane, n'a pas cru que les Démons, qui étoient ſes Dieux, euſſent jamais fait ni pu faire aucun vrai miracle.

Il me reſte à démontrer à Rouſſeau, que les défenſeurs de la Religion Chrétienne, qui ont ſoutenu que Dieu opéroit des miracles en ſa faveur, n'ont point penſé, ou qu'il en fît auſſi du côté de l'erreur, ou qu'il donnât pouvoir au Démon d'en opérer de ſemblables. Il me faudroit un volume entier, ſi je voulois rapporter ici tous les témoignages de la tradition de nos pères, qui ont conſtamment & univerſellement enſeigné que les vrais miracles ſont l'apanage incommunicable de la vérité; qu'elle ſeule peut ſe glorifier de ce titre; qu'il eſt toujours la marque qui ſert à la diſtinguer, à la faire reconnoître dans tous les temps d'obſcurciſſement; que c'eſt par cette voie que Dieu décide du haut du Ciel entre les différentes opinions qui ſe combattent, & qu'il ne peut jamais, ſans ſe contredire lui-même, rendre un pareil témoignage à la fauſſeté & au menſonge, ni donner pouvoir au Démon de le produire en ſa faveur.

Nous avons déja vu que tous les Apologiſtes de notre Religion ont défié tous les Payens d'oppoſer un ſeul miracle à ceux qu'ils leur objectoient. Ils ont ſommé tous leurs Dieux de faire, avec le ſecours de la magie, tous leurs enchantemens, tous leurs vers myſtérieux, rien qui approchât de ces effets ſi merveilleux que Jeſus-Chriſt avoit produits ſans aucun moyen extérieur, mais par la ſeule vertu toute-puiſſante de ſa parole. Quoi donc, dit Arnobe, quelqu'un, tranſporté de fureur & de colère, me répondra-t-il : Ce Chriſt que vous adorez, eſt Dieu ! comment pourriez-vous nous le prouver ? On ne peut, réplique Arnobe, en donner une preuve plus déciſive que les œuvres qu'il a faites, que les merveilles ſi inouies qu'il a opérées. Mais, dira-t-on peut-être encore : Votre Chriſt n'étoit qu'un Magicien, & toutes ces œuvres que vous nous vantez, n'ont été produites que par les ſecrets de ſon art. Que dites-vous, reprend Arnobe, inſenſés qui blaſphémez ce que vous ignorez ? Quoi donc ! toutes ces œuvres & ces merveilles n'ont été que des preſtiges des Démons & des jeux de la magie ? Pouvez-vous nous citer quelqu'un de tous ces Magiciens qui ont jamais exiſté, qui ait opéré la moindre partie de ce que Jesus-Christ a fait? Pouvez-vous, esprits incrédules, durs & inflexibles, pouvez-vous nous produire un seul homme à qui Jupiter même ait communiqué le pouvoir, je ne dirai pas de ressusciter les morts, de rendre la vue aux aveugles, de rétablir les membres paralytiques ou brisés; mais de guérir seulement une petite enflure, une peau enlevée, en n'employant que la parole ou le seul attouchement?

Nos Apologistes ont été bien plus loin. Ils ont déclaré aux Payens qu'ils consentoient à reconnoître leurs Dieux pour de vrais Dieux, s'ils pouvoient prouver qu'ils eussent jamais rendu la vue à des aveugles, fait marcher des boiteux, ressuscité des morts, ou opéré quelque chose de semblable. Si le fils de Coronis, dit S. Cyrille à Julien, a fait quelque chose de divin, s'il a rendu la vue aux aveugles, s'il a ressuscité les morts, s'il a fait marcher les boiteux, il est juste que nous augmentions nous-mêmes le nombre de ses admirateurs: *Æquum est ut & nostra ad eum accedat admiratio.* Qu'il falloit donc que nos Apologistes fussent bien persuadés que les Démons ne peuvent jamais faire aucun vrai miracle, & que Dieu peut encore moins en opérer en leur faveur, pour oser proposer aux Payens un pareil défi ! Qu'il falloit encore que ceux-ci sentissent bien leur impuissance, pour n'avoir jamais osé l'accepter !

Les Juifs d'Antioche, pour attirer les Chrétiens dans leurs Synagogues, se vantoient qu'il s'y opéroit des miracles de guérison. Saint Chrysostôme, voulut prévenir son peuple contre tous ces piéges & ces illuſions. Il lui prouva dans pluſieurs diſcours, que les Synagogues des Juifs n'étoient plus que des demeures de Satan, & que Satan n'avoit pas le pouvoir de guérir nos maladies : ils peuvent nous tendre des embûches, dit ce ſaint Docteur, & nous nuire, mais jamais nous guérir : *Dæmones inſidiari ſciunt ac nocere, non mederi.* Après en avoir donné pluſieurs preuves, il conclut, que tout ce que rapportoient les Juifs, n'étoient que des contes & des fables : *Ridicula hæc & fabulæ.*

Le même ſaint Docteur ſe propoſe ailleurs dans toute ſon étendue, l'objection que nous fait Rouſſeau. Comment, demande-t-il, la parole que les Apôtres nous ont prêchée, a-t-elle été confirmée ? Qui nous aſſurera qu'ils ne nous en ont point impoſé ? Cette objection, répond le ſaint Doձeur, eſt détruite par le témoignage que Dieu leur a rendu, par les merveilles & les prodiges qu'il a opérés en leur faveur : car s'ils nous euſſent trompé dans le rapport qu'ils nous ont fait, Dieu certainement ne leur auroit jamais rendu témoignage par ces ſignes & ces prodiges : *Neque enim ſi finxiſſent, Deus illis teſtimonium tuliſſet* (a). Ainſi ce n'eſt point par témérité & légéreté que nous avons cru, mais l'autorité des miracles nous a déterminé. Ce n'eſt point aux hommes que nous avons ajouté foi, mais à Dieu même qui s'eſt rendu caution de la vérité de leurs paroles : *Non illis credimus, ſed Deo.*

On auroit pu encore objecter au ſaint Docteur, que ſi Dieu ne peut faire de vrais miracles en faveur d'un impoſteur, ou pour autoriſer une fauſſe

(a) *Chryſt. in Epiſt. ad Hebr. c.* 11. *Hom.* 3.

doctrine, le Démon peut au moins en opérer à cette fin; & par conséquent, qu'avec les prodiges les mieux attestés, nous ne sommes pas plus avancés qu'auparavant. S. Chrysostôme, prévenant l'objection, établit que tout ce que les Démons peuvent faire, ne sauroit être mis en parallèle avec les vrais miracles, tout ce qu'ils produisent n'étant que foiblesse, qu'impuissance toujours sans fruit & sans solidité : *Illa enim non sunt virtus & potentia, sed imbecillitas, sed phantasia & res vacuæ ac inanes.* Ce grand Docteur pouvoit-il nous déclarer plus nettement que Dieu ne peut faire des miracles pour autoriser l'erreur? qu'il ne peut y en avoir de vrais joints à la fausseté, & que le Démon n'a jamais le pouvoir d'en opérer?

Telle a été la doctrine de nos pères dans tous les temps. Si les bornes de cet Ouvrage me le permettoient, je ferois ici une tradition suivie de leurs témoignages : mais on sent bien que je m'écarterois trop de mon objet. C'est une vérité si fermement établie dans l'Eglise Chrétienne, qu'une œuvre, qu'une doctrine prouvée par les miracles, n'a plus besoin d'autre preuve pour être reçue, parce qu'elle est dès-lors nécessairement vraie & émanée de Dieu ; que dans tous les tems, dans tous les conflicts arrivés sur la Religion, on a toujours appellé au jugement des miracles, & on les a toujours regardés comme la preuve la plus décisive & la plus triomphante.

Nous avons déja vu que le Prophete Elie offrit aux Prophetes de Baal cette voie pour terminer leur différend. Ils eurent la témérité de l'accepter ; tous leurs efforts, leurs cris redoublés, leurs incisions & toutes leurs instances n'obtinrent rien ; leur Dieu étoit trop impuissant pour les exaucer, & le Dieu d'Elie étoit trop vrai, trop jaloux de sa gloire, pour la communiquer à des imposteurs, sous prétexte de tenter ses serviteurs & d'éprouver leur fidélité. Elie seul obtint le miracle qu'il demandoit ; la vérité triompha, & le mensonge fut confondu avec ses partisans. Exemple mémorable de ce qui est arrivé dans tous les temps. A peine Jesus-Christ a-t-il été mis à mort, à peine est-il ressuscité, à peine les Apôtres ont-ils reçu le Saint-Esprit, que les Juifs sont dépouillés de toutes les marques de divinité que portoit auparavant leur Religion ; tout est transféré à la Religion Chrétienne, comme à l'unique véritable : on ne voit plus chez eux aucun vrai miracle, jamais ils n'ont pu réussir à en montrer la moindre trace, malgré tous les défis que nos Apologiſtes leur ont faits ſi ſouvent. Dès le commencement de l'Egliſe, pluſieurs Hérétiques ſe ſont élevés pour la combattre & corrompre ſa foi. Saint Irenée, parmi les raiſons qu'il apporte pour confondre leurs erreurs, leur objecte qu'ils ne peuvent opérer aucun miracle pour les confirmer. Il leur ſoutient que tout n'eſt chez eux que fraudes, artifices, impoſtures ; qu'ils ne ſauroient guérir les malades, rendre la vue aux aveugles, reſſuſciter les morts, tandis qu'on voyoit encore toutes ces merveilles s'opérer dans le ſein & par les prières de l'Egliſe. Tertullien, réfutant les Hérétiques de ſon temps, emploie contre eux le même argument. Je veux, dit ce Docteur, parler ici de leurs prodiges ; mais je trouve que leur plus grand miracle, c'eſt de ſe donner pour Apôtres, en faiſant tout le contraire de ceux qu'ils prétendent imiter : car les Apôtres rendoient la vie aux morts, & pour ceux-ci ils donnent la mort aux vivans : *Illi de mortuis ſuſcitabant, iſti de vivis mortuos faciunt.*

Dans toutes les conteſtations ſurvenues depuis, toujours la vérité s'eſt vue autoriſée des miracles ; toujours ils ont décidé en ſa faveur, jamais l'erreur n'a pu s'en prévaloir. C'eſt par les miracles que les défenſeurs de la divinité de Jeſus-Chriſt confondent les Ariens ; c'eſt à cette preuve ſi convaincante, qu'un grand nombre de ceux qui les avoient ſuivis, abandonnerent leur parti. Dieu, diſent-ils, ne peut dépoſer en faveur de l'erreur : les Défenſeurs de la conſubſtantialité du Verbe opèrent de vrais miracles : donc la vérité eſt de leur côté : donc il faut s'y ranger. Les Monothélites offrent, dans le troisiéme Concile de Constantinople, de prouver la vérité de ce qu'ils soutiennent par un miracle; personne n'hésite d'accepter le défi. Les Pères, persuadés que le Diable n'a pas le pouvoir d'en faire, & qu'il n'est pas possible que Dieu en opère qui soient joints à la fausseté, consentent aussi-tôt à la proposition. On apporte un mort, un Moine Monothélite met sur lui sa profession de foi, il s'épuise en prières pendant plusieurs heures; mais le mort ne ressuscite point. Pouvoit-il se faire, en effet, disent les Pères, qu'un blasphémateur opérât des miracles?

C'est encore par l'autorité des miracles, que les Défenseurs du culte des saintes Reliques ont confondu ceux qui osoient le combattre. Les miracles que Dieu opéroit par elles, étoient pour eux l'argument le plus victorieux. Dieu opère des miracles par les Reliques, disoient-ils, par conséquent leur culte est saint, juste & légitime, puisque Dieu l'approuve & le confirme par des miracles. Ceux qui ont combattu pour les Images contre les Iconoclastes, se sont servis de la même preuve pour les réfuter : ils la regardoient même comme la plus puissante & la plus décisive qu'on pût apporter.

Enfin, dans les derniers temps, l'Eglise Catholique a fait usage du même moyen de défense contre les Hérétiques qui se sont élevés. Dans le Concile de Bâle, on somme les Bohémiens de prouver, s'ils le peuvent, leur doctrine par des miracles ; on leur promet de l'adopter, s'ils peuvent en opérer. Mais jamais, ajoute-t-on, ils ne pourront y réussir ; parce que la Vérité ſuprême, à qui ſeule appartient de faire des miracles , ne peut jamais rendre témoignage à la fauſſeté. Auſſi aucun de ces Hérétiques ne fut aſſez hardi pour oſer accepter le défi. Nos Théologiens ont fait la même ſommation à Luther & à Calvin ; ils leur ont demandé des miracles pour autoriſer la miſſion qu'ils s'arrogeoient ; & jamais ils n'ont pu en produire aucun, quoiqu'ils en ſentiſſent le beſoin , & qu'ils puſſent en tirer de grands avantages.

Nous venons de montrer à Rouſſeau , comme nous le lui avions promis , que les vrais miracles ont toujours été regardés comme le partage incommunicable de la vérité & de la vraie Religion : nous lui avons fait voir que jamais les Sectes qui s'en ſont ſéparées, n'ont pu produire aucun vrai miracle qui autoriſât leurs erreurs ; que

que dans tous les temps & tous les lieux on les a sommées d'en opérer, si elles le pouvoient, & que toujours leurs efforts & leurs tentatives ont été sans succès. Qu'il falloit qu'on fût bien persuadé dans l'Eglise Catholique, que les miracles sont toujours & dans toutes les circonstances, une preuve indubitable de la vérité d'une doctrine, puisqu'on a offert plusieurs fois à ceux qui soutenoient des erreurs très-certaines, de les prouver par des miracles, avec promesse de les adopter, s'ils le faisoient! On croyoit donc bien fermement que le père du mensonge ne peut opérer rien de tel par ses suppôts, & que Dieu ne peut aussi accorder à l'erreur un pareil témoignage.

Où sont donc *ceux qui, disant que Dieu fait ici-bas des miracles, prétendent que le Diable les imite quelque-*

fois? Rousseau, toujours hardi à avancer tout ce qui peut fournir quelques prétextes à son incrédulité, toujours prêt à en imposer à ses lecteurs, s'imagine sans doute qu'on doit le croire sur sa parole?

Que ce téméraire, qui calomnie si injustement les défenseurs de l'autorité des vrais miracles, apprenne de saint Thomas l'injure qu'on fait à Dieu, en soutenant que le Démon peut aussi opérer de vrais miracles. Il va voir que c'est retomber d'une autre manière dans l'impiété de l'idolatrie. Il s'est trouvé, dit le saint Docteur, des hommes grossiers, qui tantôt ont attribué à la créature ce qui ne peut lui convenir, & tantôt ont ravi à Dieu ce qu'on ne peut enlever à la Divinité sans la détruire. Les uns ont donné la dignité de première cause à un être imparfait & essentiellement dépendant, comme le feu, l'air, l'eau, le soleil, les étoiles : les autres ont transféré au bois & à la pierre le nom saint & incommunicable : ceux-là se précipitent dans la même erreur, qui attribuent à une autre cause qu'à Dieu même, la connoissance des choses futures, ou l'opération des miracles ; *Incommunicabile nomen lignis & lapidibus imposuerunt : in hunc errorem labuntur, qui . . . futurorum cognitionem, vel miraculorum operationem aliis causis quàm Deo ascribunt* (a).

Le même saint Docteur prévenant tous les subterfuges de l'Incrédule, soutient aussi en plusieurs endroits, qu'il est impossible que celui qui annonce une fausse doctrine, fasse de vrais miracles, qui ne peuvent avoir que Dieu pour auteur ; parce qu'alors Dieu rendroit témoignage à la faus-

(a) *Lib.* 1. *cont. Gent. c.* 3.

ſeté, ce qui ne peut abſolument arriver.

C'eſt à ces vérités que M. l'Evêque de Nantes a rendu témoignage au nom de tous les Théologiens. » Tous les Théologiens, dit cet Evê» que dans un de ſes Mandemens, » conviennent unanimement que, ſans » autre examen, tout miracle qui » combat dans un ſeul point la foi de » l'Egliſe, eſt un faux miracle. La rai» ſon en eſt évidente, parce que Dieu » ne peut ſe contredire lui-même, » *ſeipſum negare non poteſt.* Or il ſe » contrediroit ouvertement, ſi, par » un vrai miracle il atteſtoit comme » une vérité ce qui ſeroit contradictoi» re à une autre vérité «.

Telle eſt la doctrine conſtante & uniforme de ceux qui prétendent que Dieu fait ici-bas des miracles. Tous les Apologiſtes de la Religion Chrétienne ont tenu le même langage: L'Auteur de la Religion prouvée par les faits, insiste avec raison sur cette doctrine qu'on ne peut attaquer qu'en ébranlant les fondemens de la révélation. » Il est impossible, dit-il, que » Dieu emploie sa puissance ou qu'il » en permette l'usage contre lui-mê-» me. Rien n'est plus évident. Or je » dis qu'il seroit auteur de ce désor-» dre, s'il faisoit ou s'il permettoit » des miracles qui combattissent la ve-» rité connue : car la fin principale » des miracles est de servir de témoi-» gnage à la vérité, & la vérité ne » peut se combattre elle-même. Donc » si Dieu faisoit ou s'il permettoit des » miracles opposés à la vérité, ces » miracles se tourneroient contre lui, » & ses attributs agiroient contre d'au-» tres attributs, sa puissance contre » sa véracité, ce qui est visiblement

» absurde : donc il eſt impoſſible que » Dieu faſſe des miracles protecteurs » du menſonge «.

Un célébre Prédicateur, dans ſes Diſcours ſur la vérité de la Religion, répete la même doctrine. » Il n'a pas » été dit : Croyez au miracle (Paſ- » cal) comme il eſt dit : Croyez à » l'Egliſe ; parce que le premier eſt » naturel, & non pas l'autre. Or eſt- » il convenable que Dieu ſe ſerve » quelquefois, pour établir l'erreur, » de ce même moyen qu'il a choiſi » pour la confondre ? Ne ſeroit-ce pas » en Dieu le oui & le non « ?

Le grand Paſcal, le fléau des Incrédules, ce génie ſi ſublime & ſi pénétrant, qui ſera à jamais la confuſion de nos prétendus eſprits forts, étoit bien éloigné de penſer que le Démon pût opérer de vrais miracles, ou qu'ils puſſent être joints à la fauſſeté. Il ſoutient que les miracles, bien loin d'être inutiles, ſont au contraire le fondement de la vérité, & qu'ils en ſont une preuve certaine. Il établit que, non-ſeulement Dieu ne peut faire des miracles en faveur d'un homme qui cacheroit une mauvaiſe doctrine, mais qu'il ne peut même permettre qu'il s'en faſſe de faux du côté de l'erreur, à moins qu'il ne réclame par la vérité des ſiens. De ces principes ſi lumineux, il conclut avec raiſon que les miracles ont ſervi à la fondation de l'Egliſe, & qu'ils ſerviront à ſa continuation juſqu'à la fin.

Dans ces derniers temps, nous avons vu cette doctrine toujours la même, enſeignée & ſoutenue en Sorbonne, & les Théologiens les plus éclairés y ont tous applaudi. » Ni le » Démon (diſoit M. Thierri, Pro-

» fesseur, Vice-gérent de l'Officialité » & Censeur des Livres) ni le Dé» mon, ni aucun homme, ne peu» vent, par aucune vertu, faire de » vrais miracles pour confirmer l'er» reur; parce que Dieu ayant établi » les miracles pour être un signe & » un témoignage de la vérité, quel» que grande que soit la puissance du » Démon : cet ordre établi de Dieu » une fois supposé, on conçoit que la » divine Providence ne peut pas per» mettre qu'il se fasse un miracle pour » appuyer l'erreur «.

C'est en faveur de cette doctrine si précieuse, que vient de déposer la Censure de Sorbonne contre l'ouvrage de Rousseau. » Admettre, dit cette » Censure, les faits miraculeux qu'on » apporte en preuve de la Religion » Chrétienne, & prétendre en même-temps qu'ils ne prouvent rien,

» c'eſt attaquer la Providence, la puiſ-
» ſance & la véracité de Dieu. Point
» d'effets ſenſibles plus propres à frap-
» per l'eſprit & à atteſter la volonté
» de Dieu, que les miracles. L'expé-
» rience l'a démontré. Otez-leur la
» force de prouver, vous enlevez à
» Dieu même tout moyen de mani-
» feſter au-dehors ſa volonté par une
» révélation utile au genre-humain,
» & que les hommes puiſſent recon-
» noître. Les faits miraculeux qui ſont
» arrivés depuis le commencement du
» monde, ſont tous en faveur de la
» Religion que nous profeſſons; elle
» eſt donc vraie. Si vous refuſez d'ad-
» mettre cette conſéquence, com-
» ment accorderez-vous ce refus avec
» la perſuaſion que la Providence de
» Dieu s'étend à tout, & qu'il ne
» peut nous tromper? .... L'erreur
» des hommes qui, par une impreſſion

» naturelle, ont toujours été portés à » regarder les miracles comme le ſceau » de la Divinité, retomberoit ſur » Dieu même, & ils pourroient dire » juſtement : *Seigneur, ſi nous nous* » *trompons, c'eſt vous-même qui nous* » *trompez* «.

Fondé ſur ces principes, M. de Beaumont, Archevêque de Paris, dit avec raiſon, dans un Mandement : » C'eſt un artifice des Incrédules de » nos jours, de vouloir affoiblir en » détail chaque preuve de la vérité de » notre Foi, pour en conclurre que » toutes les preuves réunies ſont auſſi » impuiſſantes que chacune en parti- » culier. Les prophéties répandent » ſur les miracles un éclat de lumiè- » re, que les miracles prêtent à leur » tour aux prophéties. Mais cette liai- » ſon que Dieu lui-même a miſe en- » tre les différentes preuves de ſa Re-

» ligion, n'empêche pas que chacune » d'elles séparément n'ait par elle-même toute la force nécessaire pour en » établir la vérité «. Ce Prélat combat ceux qui osent prétendre que les vrais miracles sont équivoques, & qui osent les comparer aux prétendus miracles des Démons. Enfin il ajoute avec autant de raison : » Tous les Pères » de l'Eglise, & après eux tous les » Théologiens Catholiques, ont toujours opposé avec succès aux ennemis de la Religion, le nombre infini de guérisons que Jesus-Christ » avoit opérées par cette vertu féconde & puissante, dont le principe étoit en lui-même.

Lorsque Rousseau nous dit : » Puisque les Magiciens de Pharaon osoient, en présence même de Moyse, faire les mêmes signes qu'il faisoit par l'ordre exprès de Dieu,

» pourquoi, dans ſon abſence, n'euſ-
» ſent-ils pas au même titre prétendu
» la même autorité? «. Peut-on faire une ſuppoſition plus fauſſe & plus chimérique? Sur quel fondement eſt-elle appuyée? Pourra-t-il nous citer un ſeul exemple, un ſeul fait qui ſerve à l'autoriſer? Non, jamais il ne trouvera que Dieu ait permis au Démon de faux miracles, qu'il n'ait opposé la vérité des ſiens pour le confondre. Si Dieu permet aux Magiciens de Pharaon de faire quelques preſtiges, c'eſt pour donner plus d'éclat au triomphe de Moyſe. S'il les laiſſe combattre contre ſon ſerviteur, c'eſt pour le faire vaincre avec plus de gloire : *Magi Pharaonis facere quædam mira permiſſi ſunt, ut mirabiliùs vincerentur.* (Aug.) Moyſe les frappe enſuite d'ulcères effroyables, ils n'oſent plus reparoître devant lui; toute

leur ſageſſe eſt confondue, toutes leurs illuſions ſont diſſipées ; ils ne peuvent, avec tout leur art, ſecourir l'Egypte, ni ſe défendre eux-mêmes des terribles fléaux dont Dieu la punit. Voilà un exemple de ce qui arrivera, lorſque Dieu voudra permetrre au Démon de produire des preſtiges d'erreur & de menſonge.

Mais, quand on accorderoit à Rouſſeau toutes ces fauſſes ſuppoſitions, ne faudroit-il pas encore combattre toutes les lumières de la raiſon, pour douter ſi les miracles, qui prouvent la Religion Chrétienne, ont Dieu pour auteur ? Quoi ! ne portent-ils pas tous les caractères les plus éclatans de la Divinité ? Quelle a été leur fin ? Quelle a été leur deſtination ? Le renverſement de l'idolatrie & de toutes les abominations qui l'accompagnoient, l'extirpation du culte des

Démons, la destruction du tyrannique empire qu'ils exerçoient sur les hommes, l'extinction de toutes les erreurs qui inondoient la terre, la victoire sur toutes les passions qui asservissoient l'homme en le dégradant; & sur toutes ces ruines, l'établissement de la morale la plus sainte, la plus pure qu'on pût jamais imaginer. Après des traits si frappans, si décisifs, l'Incrédule demande encore, si le Démon n'auroit point opéré les miracles qui confirment la Religion Chrétienne?

Qu'on améne devant vos Tribunaux, disoit Tertullien au Sénat Romain, qu'on améne un homme qu'on sçache certainement possédé du Démon; qu'un Chrétien, quel qu'il soit, lui commande de parler, il confessera avec autant de vérité devant lui qu'il est un Démon, qu'il a coutume de dire fauſſement devant les autres, qu'il eſt un Dieu. Qu'on faſſe venir auſſi quelqu'un de ceux que vous dites être poſſédés de quelque Dieu ; qui ſe ſoit rempli de l'eſprit qui l'agite à la fumée des ſacrifices, & qui profére ſes oracles par des ſanglots entre-coupés. Si la Déeſſe Céleſtis, qui prédit la pluie ; ſi Eſculape, l'auteur de la Médecine, ſi tous ces Dieux ne confeſſent pas qu'ils ſont des Démons, parce qu'ils n'oſent mentir à un Chrétien, répandez ſur le lieu même le ſang de ce Chrétien impudent. Puis-je, pourſuit Tertullien, vous donner une preuve plus évidente, plus certaine, où la vérité éclate avec plus de ſimplicité ? Elle y paroît dans toute ſa force, elle eſt ici à l'abri de tous les ſoupçons ; vous ne pourrez certainement dire que c'eſt-là un effet de la magie ; vous ne pourrez y ſoupçonner ni impoſture, ni fourberie : *Quid iſto opere manifeſtiùs ? Quid hac probatione fideliùs ? ...... Nihil ſuſpicari licebit magiæ, aut aliqua ejuſmodi fallacia fieri.* Mais que pourroit-on oppoſer à une vérité ſi claire & ſi manifeſte ? Par ce moyen, non-ſeulement vos Dieux vous découvrent eux-mêmes, que ni eux ni tous les autres ne ſont pas des Dieux, mais ils vous font encore reconnoître par la même voie celui qui eſt le véritable Dieu. Qu'ils diſent ce qu'eſt Jeſus-Chriſt & toute ſon hiſtoire, s'il eſt ſeulement un homme comme les autres, ſi ce n'eſt qu'un Magicien ; ſi, après ſa mort, ſon corps a été enlevé du tombeau, s'il eſt encore au rang des morts. Oſeront-ils nier qu'il ſoit dans les Cieux, qu'il en doit deſcendre un jour, & remplir tous les hommes, excepté les vrais Chrétiens, d'effroi & de terreur ; parce qu'il eſt la puiſſance de Dieu, ſa ſageſſe, ſa parole & ſon Fils ? Qu'au moins, s'ils le peuvent, ils ſe juſtifient de leur ignominie & de leur condamnation ; & qu'ils ſoutiennent qu'ils ne ſont pas des eſprits impurs qui, à cauſe de leur malice, doivent ſubir toutes les rigueurs du jugement avec leurs ſectateurs.

Ils ſentent le pouvoir & l'autorité que nous avons ſur eux, en prononçant le ſeul nom du Chriſt : ils le craignent & ſont ſoumis à ſes ſerviteurs. Auſſi, au moindre attouchement, au moindre ſouffle, dès que nous leur ordonnons, vous les voyez ſortir des corps tout confus, pleins de rage & de déſeſpoir. Vous donc qui les croyez lorſqu'ils mentent, croyez-les auſſi lorſqu'ils diſent la vérité. On ne ment point à ſon déſavantage, mais pour ſon profit, & l'on croit volontiers ceux qui font des aveux contraires à leurs intérêts. Ce ſont ces témoignages que les Dieux rendent d'eux-mêmes, qui ont coutume de faire des Chrétiens : nous ne pouvons y ajouter foi, ſans croire en même-temps à Jeſus-Chriſt ; ils établiſſent la vérité de nos Ecritures, & démontrent la certitude de notre eſpérance.

Fin de la Seconde Partie.

L'Approbation & le Privilége se trouvent à la fin de la Troisiéme Partie.

www.ingramcontent.com/pod-product-compliance
Lightning Source LLC
LaVergne TN
LVHW010543110826
845149LV00003B/550